第75回 2025年8月7日

税理士 国税徴収法 ラストスパート模試＆過去問

───CONTENTS───

税理士試験　予想セミナー　第75回試験を完全予想!!
『令和7年度の税制改正』はここがポイント!!

問題用紙・答案用紙 .... 別冊綴込み

解答・解説

第1予想	-1-
第2予想	-15-
第3予想	-31-
第4予想	-51-
第67回	-67-
第68回	-73-
第69回	-79-
第70回	-87-
第71回	-95-
第72回	-103-
第73回	-111-
第74回	-121-

※　第71回税理士試験受験案内より、以下の注意事項が追加されております。
『令和3年度(第71回)の試験から、ホチキスの持込みは認めません。』

税理士試験 予想セミナー
第75回試験を完全予想!!

講師 堀川洋（ほりかわよう）（税理士） 1982年から国税徴収法を専門分野に受験指導をしており、現在は受験指導の傍らで税理士業務も行い、徴税現場における税理士としての実務経験を交えた講義が受講生の人気になっている。重厚な法律を分かり易く、しかも楽しくをモットーに、毎年ヤマも的中させるカリスマ講師。

伝説のカリスマ講師
令和7年度の出題をズバリ予想!!

国税徴収法の出題レベルは上昇傾向にあります。このために従来の基本理論の予想だけでは合格は難しい状況です。そうなると受験生は、どのような対処をして試験に臨むかが合否に影響を与えます。そのためには、これからは基本理論のマスター、事例問題の解答テクニック、さらに過去試験の分析が重要です。本書ではこのために予想問題と近年過去試験問題を収録してありますので最後の仕上げとして利用をしてください。ネットスクールでは「予想セミナー」（YouTubeにて無料公開）においてズバリ予想します！

昨年の本試験について

国税徴収法の出題量は近年どんどん増加しています。昨年は第一問に問1から問3までに各2問ずつ出題され、これだけでも相当の時間を要することに加えて、第二問では3つの第二次納税義務について記述するという過去最大級の出題が行われました。

これは最近の国税徴収法ブームにより、その増加する受験生のレベルが上昇していることから、より難易度の高い出題を行うことにより合格者の選別をするという趣旨によるものと推測されます。

ただ本試験の合格率や合格者数は例年通りであり大きな変化はありませんでした。しかし合格答案を作成するためにはレベルの高い実力を必要としたことは間違いなかったと思われます。

このような考えれば、本年度も難易度の高く、かつボリュームのある出題がされると予想すべきでしょう。これを踏まえて本書ラストスパート模試の出題も一昨年、昨年に倣い第一問には3問体制で、また第二問については応用事例問題の出題をしています。

本書の出題内容について

かつて国税徴収法の試験は、問題を落ち着いて読み、解答の骨子を考え、その後で丁寧に答案を作成することができました。しかし近年は解答量が多いこともあり、問題を熟慮するようなことはできません。また答案もその内容を手際よくまとめて迅速に記述をしなければ時間切れになってしまいます。

このような近年の出題傾向を前提にして、本書では出題のボリュームも多く、その内容も多岐に及んでいます。これにより答案作成の錬成もさることながら、より広い範囲での出題予想となっています。したがってこの1冊から本試験の出題が必ず行われると考えてほしいと思います。

第一問の対策は！

国税徴収法に限りませんが、改正のあった項目には注意する必要があります。本年令和7年には第40条で「偽りその他不正の行為により国税を免れた株式会社の役員等の第二次納税義務」が新たに施行されました。これまでの試験傾向を考えると、改正初年度での出題はあまり多くありません。むしろ翌年、若しくは翌々年に出題されることが多いようです。そのように考えると昨年度の令和6年の改正項目である第141条周辺の質問及び検査の方に注意が必要です。特にこの質問及び検査、あるいは捜索は独立した問題として第一問の出題には最適な内容です。

また近年では第一問の問1に立法の趣旨や理由、また相違点などを問われることが多くあります。この立法趣旨は条文

📅 7月上旬配信予定

予想セミナーのご案内

試験直前期、最後の1カ月のラストスパートを効率的・効果的に行えるよう、各科目の気になる出題予想やその根拠、重要論点のランク付けなど、さらに深く・細かくネットスクール税理士講座の講師陣がお届けします。

ネットスクール公式YouTubeチャンネルでの配信なので、パソコンやスマートフォン、タブレットなどを使って、お好きな場所・タイミングでご覧いただけますので、ぜひご覧ください。

※画像は過去の予想セミナーの様子を合成したイメージです。
※配信日など予告なく変更となる場合がございます。あらかじめご了承ください。
※動画視聴に要する端末代、通信料はお客様のご負担となります。

ネットスクール公式YouTubeチャンネルにて配信予定
YouTubeにて『ネットスクール』と検索 または右上のQRコードよりアクセス
https://www.youtube.com/user/netschoolcorp

にないために理論暗記だけを中心にしている受験生はその記述に苦慮することになります。したがって各理論の暗記事項にはありませんが、その立法趣旨についても理解をしておく必要があるでしょう。

問2では比較的分量の多い文章により滞納等の状況を提示して、この対応等についての記述を求めています。各出題は何を記述すべきかすぐに判断できます。全体の問題量を考慮して、どの程度の分量で解答をまとめるかを考えることも、問2の課題です。

本書では昨年に倣い、問3では配当金額等の計算に関する出題をしています。基本的な内容のものもありますが、少々難解な出題もあります。正解が金額で表わされるために、解答には慎重な計算を心掛けてください。

第2問の応用事例問題は！

第二問は応用事例形式の出題であり、長い問題文からその趣旨を迅速に読取ることが求められます。昨年度の問題構成の事情を考慮して、本書では第一問の問3で配当等の事例問題を出題しています。これにより第二問は配当金額を問う問題であっても、特殊あるいは難易度の高い内容になっています。しかし解答を順序立て、どのような記述するかを考えることも答案練習会では重要な課題です。これを踏まえて第二問には取り組んでください。

さてこの第二問については、やはり国税と私債権との関係による配当金額の算出が本命でしょう。また、もう一点出題が予測されるのが繰上請求等の緊急保全措置に関してです。令和4年度には督促を要しない差押えとして、これら緊急保全項目が出題されています。しかし今回はもっと現実的な平成29年度の国税通則法の強制調査の保全措置が執られたような事例形式の出題にも注意が必要です。

また度重なる出題ではありますが、第二次納税義務についても改正項目の偽りその他不正の行為により国税を免れた株式会社の役員等、あるいは平成29年度以来の出題となる同族会社の第二次納税義務にも注意が必要です。

今後の対策について

国税徴収法の受験対策は理論中心の出題ということから、どうしても理論暗記を中心にした学習になりがちです。

たしかにこの理論の暗記は重要ですが、現在の国税徴収法の出題のレベルを考えると理論暗記だけでは合格答案を作成することは困難です。理論の暗記はあくまでも受験のための必要最低限の条件です。合格するためには暗記以上の知識を有しており、これが答案上にどれだけ反映させることができるかで合否が決まります。

現時点でどの程度の基本理論の暗記ができているか、その正確性はどの程度かをまずは確認してください。さらに換価代金の配当などについて過去試験問題を参考にして正解が出せるか。またこれらの関連法規についても点検をしてほしいと思います。

「予想セミナー」の内容
- 〔第一問〕基本的手続関係を予想する
- 〔第二問〕応用理論の出題は何か
- ズバリ！合格答案の作成方法

『令和7年度の税制改正』はここがポイント!! CHECK

　令和7年度の税制改正において、国税徴収法ではいくつかの改正がありました。これに関して受験上では、第二次納税義務に新たな規定が設けられたこと、また保全差押の差押の解除、若しくはこの担保の解除に関する内容に注意が必要です。

　いずれも本年の出題が予想される重要な改正事項です。テキスト等と条文の新旧の内容を対比させながら、改正箇所を正確に把握していきましょう。

1. 偽りその他不正の行為により国税を免れた株式会社の役員等の第二次納税義務（国税徴収法40条）

　株式会社が偽りその他不正の行為により国税を免れ、これを納付していない場合に、その免れた国税が株式会社の役員等に何らかの方法で移転されているときに、その役員に第二次納税義務を賦課することができるようになりました。

2. 保全差押に係る差押若しくは担保の解除（国税徴収法159条第5項）

　旧法では保全差押、若しくはこれに代わる担保は保全差押金額を通知した日から6月を経過した日までに、その金額の確定がない場合には、これを解除しなければなりませんでした。

　今回の改正により、この期間が6月から1年に延長されることになりました。

税理士WEB講座

学びやすさと分かりやすい講義で合格まで導きます！

2025年度合格目標 税理士WEB講座 直前対策コース 受付中！

合格に向けたラストスパートを強力サポート！

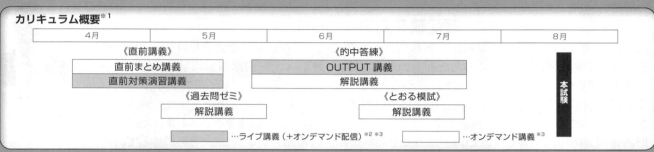

科目別講義内容		簿記論	財務諸表論	法人税法	相続税法	消費税法	国税徴収法
直前講義	直前まとめ講義	6回	6回	10回	10回	10回	6回
	直前対策演習講義	6回	6回	—	—	—	
的中答練	OUTPUT講義	6回	6回	6回	6回	6回	4回
	解説講義	6回	6回	6回	6回	6回	
過去問ゼミ		3回	3回	3回	3回	2回	4回
とおる模試		1回	1回	1回	1回	1回	1回
理論テスト		—	—	—	—	—	4回

※1 図はカリキュラムの基本パターンを示したものです。科目によって構成内容や開始・終了時期が異なります。詳細は弊社ホームページでご確認ください。
※2 講義はあらかじめ配信されるオンデマンド講義と、その場で質問も可能なライブ講義があります。ライブ講義翌日以降、オンデマンド配信形式にてご覧頂くことも可能です。なお、新型コロナウィルス等の影響により、配信形態・日時が急遽変更となる可能性もございます。あらかじめご了承ください。
※3 オンデマンド配信の講義は第75回税理士試験の本試験前日まで繰り返しご受講頂くことが可能です。

2026年度 税理士WEB講座

学習経験に応じた2つのコースをご用意しています！

2025年3月ごろより順次受付開始！

- （初学者向け）**標準コース**：余裕をもって学習する科目ごとの**9月開講コース**
- （経験者向け）**上級コース**：解き方に焦点をあてた**9月・1月開講コース**

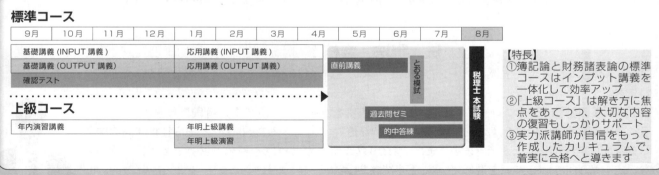

【特長】
①簿記論と財務諸表論の標準コースはインプット講義を一体化して効率アップ
②「上級コース」は解き方に焦点をあてつつ、大切な内容の復習もしっかりサポート
③実力派講師が自信をもって作成したカリキュラムで、着実に合格へと導きます

※ スケジュール及びコース名は一例を示しております。
　詳細は予告なく変更する場合もございますので、弊社ホームページまたは下記お問い合わせ先から最新の情報をご確認ください。

お問い合わせ・お申し込みは
ネットスクール税理士WEB講座

（平日 10：00～18：00）
フリーコール **0120-979-919**
https://www.net-school.co.jp/

ネットスクール 検索 今すぐアクセス！

ネットスクール
自分で選べる学習スタイルで

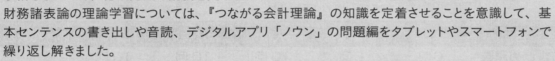

ネットスクールのカリキュラムで続々合格！

自分のスタイルに合った学習方法で合格された受講生の方の体験記です。
どのように学習して、どのようにWEB講座を活用したのでしょうか。
今後の学習の参考になりそうなお声をご紹介します。

簡記論&官報　合格！

N・Mさん 男性

所長税理士の引退が現実味を帯び、事務所内に有資格者がいない中、会計2科目を残す自分が合格を目指すしかない状況となったため、2021年1月より簿記論・財務諸表論の学習を他の学校で開始しましたが、第71回試験は両科目とも合格ボーダーに全く届かず。続く第72回本試験では簿記論は合格。財務諸表論は53点（理論18点、計算35点）で惜しくも不合格となった。時間的な余裕もないので、穂坂先生の講義を受けるべくネットスクールのWEB講座を申し込みました。
財務諸表論の理論学習については、『つながる会計理論』の知識を定着させることを意識して、基本センテンスの書き出しや音読、デジタルアプリ「ノウン」の問題編をタブレットやスマートフォンで繰り返し解きました。
結果、合格確実ラインを超える点数（理論29点、計算41点の計70点）を得て、官報合格を勝ち取ることができました。

消費税法　合格！

I・Hさん 女性

私は他の予備校と併用する形で受講させていただいたのですが、画面を通しての講義でも質問などに親身に対応してくれてとても勉強しやすかったです。また、常に前向きな言葉をかけてくださる所にもとても勇気をもらいました。
学生で本業の学業も手を抜くことができないため、試験勉強は、毎日何時から何をするかの計画を立てて勉強しました。また、直前期は毎日総合問題を解き、解答のフォームやルーティーンを定着させるようにしました。
そのため時間配分を誤ることがなかった気がします。直前期は複数の予備校の問題を解くようにしましたが、ネットスクールの教材は、主要論点を押さえつつ初見の問題もあったため何度も活用させていただきました。
YouTubeの解答速報で、丁寧な解説と勇気をもらえるような言葉を伝えてくれるネットスクールに興味を持ち、複数の科目を受講しましたが、受講してよかったです。

法人税法　合格！

T・Mさん 男性

ネットスクールの法人税法標準コースについて、次の2点が特に優れており、合格に繋がったと思います。
まず、講義の動画がアップロードされており、再生速度を調整できる点です。普段は仕事があって、ライブ講義に参加したことはありませんでしたが、2倍速で再生することにより、限られた時間の中で効率的に学習することができます。また、わからないことがあれば一時停止できるので、わからない点を解消しながら学習を進めていくことができました。
次にZoomコンサルです。1週間勉強して疑問に思った点を、Zoomを通して直接聞くことができ、わからないところをそのままにすることなく、学習を進めることができました。なかなか動画を聞いただけでは理解できないことでも、直接お話していただくとわかることが多かったです。社会人でなかなか多くの勉強時間を確保できない方に特におすすめです。

イニシャルまたはハンドルネーム表記。合格体験記一部抜粋。

WEB講座 合格者の声
税理士試験合格を目指そう！

簿記論　合格！

令和6年度の簿記論・財務諸表論を受験し、簿記論に合格できました。ネットスクールの皆様のご指導に心から感謝いたします。

元々は日商簿記1級取得を目標に勉強していたためその先を考えていませんでしたが、ネットスクールの先生方のお話を伺う中で興味を持ち、将来の選択肢がより広がるならと受験を決めました。

ネットスクールでは、上級コースの演習講義や直前答練で問題を解く順番やテクニックを学べたことが試験当日でも役立ちました。また、教材が思うように進まない時もありましたが、Zoomコンサルで勉強方法について親身に相談に乗っていただき、その都度悩みを解消できたことが良かったです。

H・Kさん 女性

簿記論　合格！

令和5年度に簿財同時受験し、財務諸表論だけ合格。それを受けてのリベンジマッチでした。（尚、同日受験の消費税法は不合格でした）

令和5年度受験では、58点というあと僅かの点数での不合格、且つ、自分でも何故しでかしたか分からないような凡ミスもあり…と大変悔しい結果でした。それだけに、来年こそは…との思いは強かったと思います。なので、すぐにでも勉強を再開…と言いたいところですが、消費税法に挑戦することもあり、年内はそちらにかかりきりでした。実質、簿記論を再開したのは年末年始の教材が届く頃だったと記憶しています。

まずは、ヨコ解き問題集を全問2周し、年明けからの講義に抜けなくスムーズに入れるよう準備しました。講義が本格的に始まってからは、消費税法と両立しつつ、「問題の解き直し」を必ず行い、各問について目標ラインを確実にクリアするように意識しました。

やみくもに9割や完答は目指さないことで、Cランク問題を見分ける意識もついたと考えます。また、A・Bランクとされる設問を逃していた場合は、その問題だけでも解き直し、確実に得点を積めるようにしました。

答練や模試が始まってからも基本的には上記のやり方を崩さず、強いて言うと受講生専用SNS「学び舎」への結果投稿が後押しにもなったかなと思います。

毎回どんな結果でも晒すことで、ある意味での背水の陣、無様は晒せない、と必死になれたと思います。結果、もう少し上積みをして安心したかったという点はありますが、無事結果を出せてほっとしています。

Y・Kさん 男性

税理士講座の詳細はホームページへ

ネットスクール株式会社

ネットスクール 税理士講座　検索　https://www.net-school.co.jp/

※ 税理士講座の最新情報は、ホームページ等をご確認ください。

"講師がちゃんと教える"　だから学びやすい！分かりやすい！

ネットスクールの税理士WEB講座

【開講科目】簿記論、財務諸表論、法人税法、消費税法、相続税法、国税徴収法

ネットスクールの税理士WEB講座の特長

◆自宅で学べる！　オンライン受講システム

臨場感のある講義をご自宅で受講できます。しかも、生配信の際には、チャットやアンケート機能を使った講師とのコミュニケーションをとりながらの授業となります。もちろん、講義は受講期間内であればお好きな時に何度でも講義を見直すことも可能です。

▲講義画面イメージ▲

★講義はダウンロード可能です★

オンデマンド配信されている講義は、お使いのスマートフォン・タブレット端末にダウンロードして受講することができます。事前にWi-Fi環境のある場所でダウンロードしておけば、通信料や通信速度を気にせず、外出先のスキマ時間の学習も可能です。
※講義をダウンロードできるのはスマートフォン・タブレット端末のみです。
※一度ダウンロードした講義の保存期間は１か月間ですが、受講期間内であれば、再度ダウンロードして頂くことは可能です。

ネットスクール税理士WEB講座の満足度

◆受講生からも高い評価をいただいております

WEB講座 79.5%

▶ Zoom面談は、孤独な自宅学習の励みになりましたし、試験直前にお電話をいただいたときは本当に感動しました。（消費／上級コース）
▶ 合格できた要因は、質問を24時間受け付けている「学び舎」を積極的に利用したことだと思います。（簿財／上級コース）
▶ 質問事項や添削のレスポンスも早く対応して下さり、大変感謝しております。（相続／上級コース）
▶ 講義が1コマ30分程度と短かったので、空き時間等を利用して自分のペースで効率よく学習を進めることができました。（国徴／標準コース）

教材 82.3%

▶ 理論教材のミニテストと「つながる会計理論」のおかげで、今まで理解が難しかった論点が頭の中でつながった瞬間は感動しました。（財表／標準コース）
▶ テキストが読みやすく、側注による補足説明があって理解しやすかったです。（全科目共通）

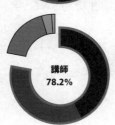
講師 78.2%

▶ 財務諸表論の穂坂先生の理論講義がとてもわかり易く良かったです。（簿財／上級コース）
▶ 先生方の学習面はもちろん精神的にもきめ細かいサポートのおかげで試験を乗り越えることができました。（法人／上級コース）
▶ 堀川先生の授業はとても面白いです。印象に残るお話をからめて授業を進めて下さるので、記憶に残りやすいです。（国徴／標準コース）
▶ 田中先生の熱意に引っ張られて、ここまで努力できました。（法人／標準コース）

各項目について5段階評価
不満← 1 2 3 4 5 ➡満足

※2019～2023年度試験向け税理士WEB講座受講生アンケート結果より

税理士WEB講座の詳細はホームページへ　**ネットスクール株式会社 税理士WEB講座**
https://www.net-school.co.jp/　　ネットスクール 税理士講座　検索
※税理士講座の最新情報は、ホームページ等をご確認ください。

予想問題
問題・答案用紙

<問題用紙・答案用紙ご利用時の注意>

以下の「問題用紙・答案用紙」はこの色紙を残したままていねいに抜き取り、綴込みの針金を外してご使用ください。

なお、針金を外す際は、素手ではなくドライバー等の器具を必ずご使用ください。

また、抜き取りによる損傷についてのお取り替えはご遠慮願います。

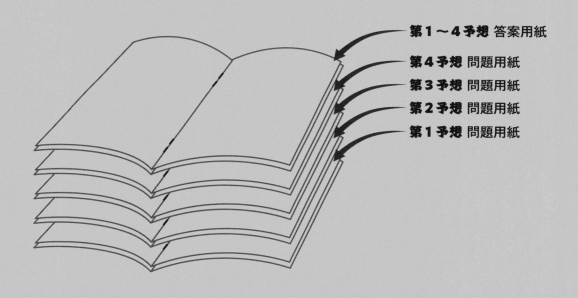

第1〜4予想 答案用紙
第4予想 問題用紙
第3予想 問題用紙
第2予想 問題用紙
第1予想 問題用紙

●用紙の構成

図のとおり、外側から「第1予想」、「第2予想」、「第3予想」「第4予想」「第1〜4予想 答案用紙」の順に、まとめて綴じてあります。

ネットスクール出版

:::正面
第1予想（問題編）
:::

Z－75－H
国税徴収法　ラストスパート模試

－実際の試験では以下の文言が記載されています－

〔注意事項〕

1. 試験官の「始め」の合図があるまで、試験問題の内容は絶対に見てはいけません。
2. この試験の解答時間は、「始め」の合図があってから正味2時間です。
3. 試験時間終了前に受験を終了すること（途中退室）は認めません。
4. 「やめ」の合図があったら直ちにやめてください。
5. 試験問題及び計算用紙は提出する必要はありません。
6. 答案の作成には、必ず黒又は青のインキ（ボールペンを含む。以下同じ。）を用いてください。鉛筆、赤のインキ、消せるボールペン等の修正可能な筆記具を用いてはいけません。修正液又は修正テープの使用は認めます。
7. 答案用紙は無解答の場合も回収しますから、それぞれの答案用紙(第一問用及び第二問用)に受験地、受験番号を必ず記入してください。氏名その他符号等は一切記入してはいけません。
8. 解答は必ず答案用紙の所定の欄に明瞭に記載してください。
   なお、答案用紙及び計算用紙の再交付、追加交付はしません。
9. 試験問題は、令和7年4月4日現在の施行法令等によって出題されています。
10. 試験問題の内容についての質問にはお答えしません。
11. この問題のページ数は、「H1～H4」です。
12. 計算用紙は、答案用紙とともに配付します。

〔第一問〕―65点―
問1（20点）
下記の(1)及び(2)について、簡潔に説明しなさい。
(1) 国税徴収法第21条では、留置権は滞納国税等の租税や抵当権等の被担保債権より優先するとしているがその理由について
(2) 公売実施適正化の措置について

問2（26点）
下記に(1)及び(2)の問いに答えなさい。
(1) 納税者若しくは滞納者以外の者が国税を負担し、あるいは納税者若しくは納税者以外の者の財産に滞納処分を行うことが考えられる。これについて下記の問いに答えなさい。
① これらはどのような場合か列挙しなさい。
② これらの者が納付する場合の告知および督促について
③ これらの者に行われる滞納処分について

(2) 納税者Aは過年度分の申告所得税について、税務署長から更正通知書を受け取った。ただし、納税者Aは、この更正処分に納得ができないために不服申立てをすることを考えている。ただ、不服申立するにしても、基本的にはその納付が必要である。しかし、納税者Aの経営する事業の運転資金が著しく不足しているために更正処分に係る国税を納付することが根本的に困難な状況であった。
　このような状態ではあるが、納税者Aは更正処分に係る税額を分納するという誠意もあると同時に、更正処分の結果が出るまでは、その納付をすべきでないということも考えている。いずれにしても納税者Aは僅かばかりの個人用の財産、あるいは事業用の財産の差押えを執行されることを憂慮している。
　このとき滞納処分の執行を猶予されるべく、納税者Aが行うことができる法的な手続があれば説明しなさい。

問3（19点）
下記の(1)及び(2)について、その換価代金の配当金の内訳について、計算過程を示して答えなさい。なお、土曜、日曜及び祝日等は一切考慮する必要はない。
(1) 所轄税務署では納税者Nが令和6年度分の申告所得税160万円（法定納期限：令和7年3月15日）が滞納であったために、その保有する財産について滞納処分を行った。しかし、この動産には下記2つの質権が設定されていた。
　（資料）
　　① 甲質権により担保される債権（設定日：令和6年5月8日）50万円
　　② 乙根質権により担保される債権（設定日：令和6年8月6日）
　　　イ 極　度　額　　100万円
　　　ロ 差押通知時　　　60万円
　　　ハ 配　当　時　　　90万円
　　③ 換価代金　　290万円
　　④ 乙根質権は所定の証明ができたが、甲質権はその証明ができなかった。

(2) 納税者Aは令和5年度分の確定申告に係る所得税（法定納期限：令和6年3月15日）につき、申告に誤りがあることを発見したために令和6年8月3日に不足分130万円とした修正申告書を提出した。

ただし修正申告書を提出した当日には資金繰りの事情がつかないことを理由として納税の猶予の申請を行った。この申請により6ヶ月間の猶予を受けることができ、その納期限が令和7年2月3日までとされた。なお、納税の猶予の条件として納税者Aの保有する土地に猶予国税のための担保として抵当権が令和6年8月10日に設定された。

納税者Aは猶予の期限である令和7年2月3日にその国税を納付することができなかったために、担保となっている土地が令和7年4月25日に450万円で換価された。なお、この換価された土地には、令和6年6月7日に250万円の甲抵当権が、また令和6年8月5日に180万円の乙抵当権が設定されていた。

(禁無断転載)

Z−75−H
国税徴収法　ラストスパート模試

第２予想（問題編）

−実際の試験では以下の文言が記載されています−

〔注意事項〕

1. 試験官の「始め」の合図があるまで、試験問題の内容は絶対に見てはいけません。
2. この試験の解答時間は、「始め」の合図があってから正味２時間です。
3. 試験時間終了前に受験を終了すること（途中退室）は認めません。
4. 「やめ」の合図があったら直ちにやめてください。
5. 試験問題及び計算用紙は提出する必要はありません。
6. 答案の作成には、必ず黒又は青のインキ（ボールペンを含む。以下同じ。）を用いてください。鉛筆、赤のインキ、消せるボールペン等の修正可能な筆記具を用いてはいけません。修正液又は修正テープの使用は認めます。
7. 答案用紙は無解答の場合も回収しますから、それぞれの答案用紙（第一問用及び第二問用）に受験地、受験番号を必ず記入してください。氏名その他符号等は一切記入してはいけません。
8. 解答は必ず答案用紙の所定の欄に明瞭に記載してください。
   なお、答案用紙及び計算用紙の再交付、追加交付はしません。
9. 試験問題は、令和７年４月４日現在の施行法令等によって出題されています。
10. 試験問題の内容についての質問にはお答えしません。
11. この問題のページ数は、「Ｈ１〜Ｈ４」です。
12. 計算用紙は、答案用紙とともに配付します。

〔第一問〕―60点―
問1（10点）
　次の(1)及び(2)の各問に関して、それぞれ簡潔に説明しなさい。
(1) 質権や抵当権が滞納国税に優先するか否かを判断する基準日は基本的には法定納期限で足りるはずである。しかし、国税徴収法第15条では、これをあえて法定納期限等として詳細を定めているがその理由について
(2) 差押の効力は法定果実には及ばないとされているが、債権差押後の利息には差押の効力が及ぶとされているがその理由について

問2（24点）
　次の(1)及び(2)の各問に答えなさい。
(1) 不動産の公売を実施することにより、公売参加者の中から適格な要件を満たす最高価申込者を買受人として売却決定することにした。しかし、この買受人が納付期限までに買受代金の納付を行わなかったことにより、売却決定が取り消された。
　このとき税務署長が、この不動産を換価するための適当な方法があれば、これについて簡潔に説明しなさい。
　（注）　上記の場合に次順位買受申込者は定められていなかったことを前提とすること。
(2) 財産の調査、及び検査及び捜索の対象者とこれらの具体的な方法について説明しなさい。

問3（26点）
　次の(1)及び(2)について、それぞれ答えなさい。なお土曜、日曜及び祝日等は一切考慮する必要はない。

(1) 納税者Aは令和7年3月15日の申告所得税120万円を滞納していた。その後納税者Aは取引先B社からの借入の担保として、その保有する土地を令和7年4月20日に譲渡担保としている。これにより納税者Aは滞納処分を執行すべき財産を有しない状態である。
　譲渡担保権者であるB社は、この譲渡担保財産となっている土地に令和7年5月15日に銀行借入70万円の担保として抵当権甲、同じく令和7年6月13日に60万円の担保として抵当権乙を設定している。
　納税者Aの所轄税務署長丙は納税者Aの保有する財産を調査したところ譲渡担保財産である土地があり、これが国税徴収法第24条の譲渡担保権者の物的納税責任の要件を満たしていることから、譲渡担保権者B社に対して令和7年6月2日に告知書を発している。その後令和7年7月5日に譲渡担保財産を換価して換価代金230万円を受取っている。このときの配当金額を説明しなさい。
(2) 抵当権者であるAは債務者であるBの保有する土地甲（見積評価額：500万円）に令和7年4月5日に500万円の抵当権を設定登記していた。ところがこの土地甲に対して債務者Bが令和6年度分の申告所得税（法定納期限：令和7年3月15日）300万円が滞納であることからX税務署により令和7年7月6日に差押が行われた。

これにより抵当権者Aは債務者であるBが他の財産として土地乙（見積評価額：300万円）を保有し、この財産が国税徴収法第50条の差押換の要件を満たすと判断して令和7年7月15日に差押換の請求を行った。
　しかし、この差押換の請求は認めない旨の通知が令和7年7月31日にあった。これにより抵当権者Aは令和7年8月5日に同法第3項の換価申立てを行った。この申立てによりX税務署ではまず土地乙を250万円で換価し、さらに抵当権者Aの抵当権の設定されている土地甲を450万円で換価した。
　このときの抵当権者Aが行った差押換の要件、及びこの差押換の請求が認められないことにより行った換価申立の要件を説明し、これらの経緯を踏まえて抵当権者Aが受取ることになった配当金額を答えなさい。

（禁無断転載）

Z-75-H
国税徴収法 ラストスパート模試

第3予想（問題編）

−実際の試験では以下の文言が記載されています−

〔注意事項〕

1. 試験官の「始め」の合図があるまで、試験問題の内容は絶対に見てはいけません。
2. この試験の解答時間は、「始め」の合図があってから正味2時間です。
3. 試験時間終了前に受験を終了すること（途中退室）は認めません。
4. 「やめ」の合図があったら直ちにやめてください。
5. 試験問題及び計算用紙は提出する必要はありません。
6. 答案の作成には、必ず黒又は青のインキ（ボールペンを含む。以下同じ。）を用いてください。鉛筆、赤のインキ、消せるボールペン等の修正可能な筆記具を用いてはいけません。修正液又は修正テープの使用は認めます。
7. 答案用紙は無解答の場合も回収しますから、それぞれの答案用紙（第一問用及び第二問用）に受験地、受験番号を必ず記入してください。氏名その他符号等は一切記入してはいけません。
8. 解答は必ず答案用紙の所定の欄に明瞭に記載してください。
   なお、答案用紙及び計算用紙の再交付、追加交付はしません。
9. 試験問題は、令和7年4月4日現在の施行法令等によって出題されています。
10. 試験問題の内容についての質問にはお答えしません。
11. この問題のページ数は、「H1〜H4」です。
12. 計算用紙は、答案用紙とともに配付します。

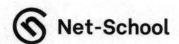

〔第一問〕―55点―
問1（17点）
　次の(1)及び(2)の内容について、簡潔に説明しなさい。
(1) 国税の納付義務が確定する前に国税債権を確保するための措置について
(2) 差押財産の換価に制限がある場合について

問2（18点）
　次に(1)及び(2)の問いに答えなさい。
(1) 農業及び漁業以外である事業者については滞納処分に際して、その事業用財産につき差押が禁止されている。これにつき概要を説明しなさい。
　（注）　財産の所有権、所在地、さらに超過差押や無益な差押に関する差押制限などに関する内容については説明する必要はない。
(2) 差押財産上の質権と抵当権は、法定納期限等以前に存在すれば国税に優先するとされている。しかし具体的な配当金額の決定などについては異なる取扱いが行われる。これに関してその相違点を説明しなさい。

問3（20点）
　次の(1)及び(2)について、財産の換価代金の配当金額などについて答えなさい。なお、配当金額の計算に当たっては、土曜、日曜及び祝日等、利息、遅延損害金、延滞税及び延滞金について一切考慮する必要はない。
(1) 国税徴収法第18条第1項では国税に先だつ質権又は抵当権により担保される債権の元本金額は、その質権者又は抵当権者がその国税に係る差押又は交付要求の通知を受けた時における金額を限度としている。ただし、その国税に優先する他の債権を有する者の権利を害するときは、この限りでないとされている。
　下記の（事例1）及び（事例2）のいずれかが、この規定の「その国税に優先する他の債権を有する者の権利を害するとき」に該当するが、これを選択して、この規定の内容を配当金額を用いながら簡潔に説明しなさい。
　なお、害することに該当しない事例については記述する必要はない。

（事例1）
　第1順位　根抵当権A
　　根抵当権の極度額　　　　　　　　　　　　　　5,000万円
　　差押通知書の送達時の被担保債権（元本）　　　1,000万円
　　配当時の被担保債権（元本）　　　　　　　　　5,000万円
　第2順位　抵当権Bの被担保債権　　　　　　　　　2,000万円
　第3順位　差押国税　　　　　　　　　　　　　　　2,500万円
　換価代金　　　　　　　　　　　　　　　　　　　7,500万円

(事例2)
 第1順位　根抵当権C
  根抵当権の極度額　　　　　　　　　　　　　　　　5,000万円
  差押通知書の送達時の被担保債権(元本)　　　　　　2,000万円
  配当時の被担保債権(元本)　　　　　　　　　　　　5,000万円
 第2順位　抵当権Dの被担保債権　　　　　　　　　　　1,500万円
 第3順位　差押国税　　　　　　　　　　　　　　　　　2,500万円
 換価代金　　　　　　　　　　　　　　　　　　　　　　5,000万円

(2) 納税者Aは令和5年度分の申告所得税(法定納期限：令和6年3月15日)100万円が滞納となっていた。そこでAの住所を所轄する甲税務署において滞納処分を執行すべき財産の調査をしたところ、Aは保有する遊休地を有料駐車場として活用するために、隣接するすE、F及びGの3筆の土地を令和5年11月18日付でB株式会社に現物出資してAが100%株式保有の同族会社の設立登記を行っていた。

納税者AにはこのB株式会社の株式以外には滞納処分を執行できるような財産を有しておらず、甲税務署では国税徴収法第35条の同族会社の第二次納税義務の要件を満たすとしてB株式会社に第二次納税義務を賦課するものとして令和6年8月20日に納付通知書により告知を行った。またB社の所在地を所轄する乙税務署にも、その旨を通知している。

B株式会社はこの納期限である令和6年9月20日までにその通知による納付がないために、甲税務署では令和6年11月7日にB株式会社の納付催告書を送付している。

その後令和7年1月16日に甲税務署の徴収職員がB株式会社の財産を調査したところ現物出資した3筆の土地が滞納処分の対象となる財産と判断された。しかし、これらの土地には、下記のような抵当権が設定されていた。

上記の事情を考慮して、甲税務署はこの3筆の土地のうちのいずれの土地を差押えて換価すべきか、その配当金額を示しながら説明しなさい。

なお同族会社の第二次納税義務に関する説明はする必要はない。

① 土地E：評価見積額…170万円
   抵当権X…設定登記令和5年12月7日
   被担保債権額…160万円
② 土地F：評価見積額…160万円
   抵当権Y…設定登記令和6年7月18日
   被担保債権額…150万円
③ 土地G：評価見積額…150万円
   抵当権Z…設定登記令和6年8月29日
   被担保債権額…90万円

Z－75－H
国税徴収法　ラストスパート模試

第4予想（問題編）

（禁無断転載）

－実際の試験では以下の文言が記載されています－

〔注意事項〕

1. 試験官の「始め」の合図があるまで、試験問題の内容は絶対に見てはいけません。
2. この試験の解答時間は、「始め」の合図があってから正味2時間です。
3. 試験時間終了前に受験を終了すること（途中退室）は認めません。
4. 「やめ」の合図があったら直ちにやめてください。
5. 試験問題及び計算用紙は提出する必要はありません。
6. 答案の作成には、必ず黒又は青のインキ（ボールペンを含む。以下同じ。）を用いてください。鉛筆、赤のインキ、消せるボールペン等の修正可能な筆記具を用いてはいけません。修正液又は修正テープの使用は認めます。
7. 答案用紙は無解答の場合も回収しますから、それぞれの答案用紙（第一問用及び第二問用）に受験地、受験番号を必ず記入してください。氏名その他符号等は一切記入してはいけません。
8. 解答は必ず答案用紙の所定の欄に明瞭に記載してください。
   なお、答案用紙及び計算用紙の再交付、追加交付はしません。
9. 試験問題は、令和7年4月4日現在の施行法令等によって出題されています。
10. 試験問題の内容についての質問にはお答えしません。
11. この問題のページ数は、「H1～H3」です。
12. 計算用紙は、答案用紙とともに配付します。

〔第一問〕—65点—
問1（17点）
次の(1)及び(2)について説明しなさい。
(1) 公売保証金制度の趣旨
(2) 国税徴収法に定める罰則規定

問2（24点）
次の(1)及び(2)の問に答えなさい。なお配当金額の計算にあたって利息、遅延損害金、及び延滞税、また土曜、日曜及び祝日等は一切考慮する必要はない。

(1) Aは個人事業として飲食店を営んでいるが、コロナ禍後も不景気が続いているため営業不振に陥っている。さらに、Aが高齢ということもあり、病気がちで頻繁に通院が続いている状況でもある。しかし、このような状況の下でも、Aはこれまでと同様に令和6年度の所得税の申告を期限内に適切に行った。しかし、納税に関する誠実な意思があるものの、その申告税額に相当する資金を用意して、これを一括納付できない状況であった。
　このときにAは、国税通則法又は国税徴収法における何らかの申請により、緩和規定を受けることができるかどうか、もし、適用が受けられるとすれば、その要件と滞納処分における効果について比較説明しなさい。
（注）解答に当たり、緩和規定の効果に関する天然果実、延滞税、あるいは時効などについては記述の必要はない。

(2) 滞納者Aは令和6年分の申告所得税（法定納期限：令和7年3月15日）200万円を滞納していた。徴収職員がAの財産を調査したところ不動産である土地（評価額：1,000万円）を保有していることが判明した。ただし、この土地には2つの抵当権が設定されており、一番抵当甲の設定登記が令和6年7月20日で600万円（被担保債権の弁済期限：令和9年10月20日）、二番抵当乙の設定登記が令和7年4月17日で500万円（被担保債権の弁済期限：令和7年8月17日）であった。滞納処分によりこの不動産を令和7年6月7日に評価額1,000万円で換価した場合の換価代金の配当順位と配当金額を説明しなさい。
　また、一番抵当である甲が、換価代金の配当を受けることなく、換価される不動産に引続き抵当権を設定させておくことができる場合についても合わせて説明しなさい。

問3（24点）
次の(1)及び(2)について、その問われている各金額をそれぞれ計算過程を示して答えなさい。なお配当金額の計算にあたって利息、遅延損害金、及び延滞税、また、土曜、日曜及び祝日等は一切考慮する必要はない。

(1) 下記に示す資料により7月に給料と賞与が支給された場合の差押え禁止額を計算しなさい。なお、差押禁止額の計算方法には2つの方法があるが、給与と賞与の合計額から賞与関係の各金額を控除して、その差額を7月分の給与の該当金額として求める方法により計算しなさい。また、滞納者は給料の差押えについて同意はしていない。
（資料）

1. 滞納者Aの申告は下記の通りである。
   (1) 配偶者B（無収入であり控除対象配偶者に該当する。）
   (2) 長男C（満14歳で控除対象扶養親族に該当しない。）

2. Aは7月分の給料として下記の金額を受取ることになっている。
   (1) 総支給額　　　　　　　　　　　　　　379,500 円
   (2) 上記から控除される源泉所得税　　　　 4,890 円
   (3) (1)から控除される特別徴収住民税　　 22,900 円
   (4) (1)から控除される社会保険料　　　　56,734 円

3. 同様に7月における夏季賞与の金額は下記の通りである。
   (1) 総支給額　　　　　　　　　　　　　　795,000 円
   (2) 上記から控除される源泉所得税　　　　39,541 円
   (3) (1)から控除される社会保険料　　　　113,583 円

(2) 納税者Mは令和6年7月12日に債権者Nから返済期限を令和7年7月12日として600万円を借入れ、同日にMが所有する建物に債務不履行を停止条件とする代物弁済契約に基づく所有権移転請求権保全の仮登記を行った。その後Mは令和6年9月18日に取引先P社から200万円を借入れて、上記建物に同日付で200万円の抵当権甲を設定した。Mはその後令和7年3月15日を納期限とする所得税500万円を滞納していた。

滞納者Mは債務弁済期限である令和7年7月12日になってもその返済ができなかったため、その直後に債権者Nは清算手続を開始し、Mに対して清算金800万円を令和7年9月12日付で支払う旨の通知を行った。

納税者Mはこの建物の雨漏りが著しいためQ工務店に屋根の修繕の依頼を行ったが修繕代金160万円は未払いであった。このためQ工務店はこの未払いの修繕費を令和7年6月20日に登記している。

その後、納税者Mの所轄税務署長乙は、滞納所得税の徴収のため、この清算金800万円をその支払い前である令和7年9月3日に差押えた。このときの配当金額について説明しなさい。

（禁無断転載）

令和7年度　税理士試験
国税徴収法　ラストスパート模試

〈答案用紙〉

第1予想（答案用紙）

〔答案用紙ご利用時の注意〕
1. 実際の税理士試験では、この表紙はありません。
2. ネットスクールホームページでは、答案用紙のダウンロードサービスを行っています。
   ホームページ（https://www.net-school.co.jp/）よりご利用ください。
3. 答案の採点は、模範解答をもとに各自で行ってください。

Z-75-H　国税徴収法　ラストスパート模試　第1予想　〔第一問〕　答案用紙

問1
(1)

問1
(2)

問2
(1)

問2
(2)

問3
(1)

（禁無断転載）

令和7年度 税理士試験
国税徴収法 ラストスパート模試

〈答案用紙〉

第2予想（答案用紙）

〔答案用紙ご利用時の注意〕
1. 実際の税理士試験では、この表紙はありません。
2. ネットスクールホームページでは、答案用紙のダウンロードサービスを行っています。
   ホームページ（https://www.net-school.co.jp/）よりご利用ください。
3. 答案の採点は、模範解答をもとに各自で行ってください。

Z-75-H 国税徴収法 ラストスパート模試 第2予想 〔第一問〕 答案用紙

問1
(1)

(2)

問2
(1)

問 2

(1)（続き）

問2
(1)

問3
(1)

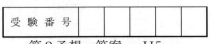

（禁無断転載）

令和7年度 税理士試験
国税徴収法 ラストスパート模試

##〈答案用紙〉

第3予想（答案用紙）

〔答案用紙ご利用時の注意〕
1. 実際の税理士試験では、この表紙はありません。
2. ネットスクールホームページでは、答案用紙のダウンロードサービスを行っています。
   ホームページ（https://www.net-school.co.jp/）よりご利用ください。
3. 答案の採点は、模範解答をもとに各自で行ってください。

Z-75-H 国税徴収法 ラストスパート模試 第3予想 〔第一問〕 答案用紙

問1
(1)

問 1
(2)

問2
(1)

問2
(2)

問 3
(1)

(禁無断転載)

令和7年度　税理士試験
国税徴収法　ラストスパート模試

〈答案用紙〉

第4予想（答案用紙）

〔答案用紙ご利用時の注意〕
1. 実際の税理士試験では、この表紙はありません。
2. ネットスクールホームページでは、答案用紙のダウンロードサービスを行っています。
   ホームページ（https://www.net-school.co.jp/）よりご利用ください。
3. 答案の採点は、模範解答をもとに各自で行ってください。

Z-75-H　国税徴収法　ラストスパート模試　第4予想　〔第一問〕　答案用紙

問1
(1)

(2)

問2
(1)

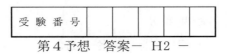

問 2

(1)（続き）

問2
(2)

問3
(1)

問3
(2)

受験番号

第4予想　答案－ H8 －

問3
(2)

設問1

設問1（続き）

設問2

設問2（続き）

問3
(2)

問3
(2)

Z-75-H 国税徴収法 ラストスパート模試 第1予想 〔第二問〕 答案用紙

受験番号

第1予想　答案－ H8 －

〔第二問〕—35点—

次の設例において、差押財産の換価代金に対する配当額を、計算過程を示して答えなさい。なお、配当金額の計算にあたって利息、遅延損害金、及び延滞税、また土曜、日曜及び祝日等は一切考慮する必要はない。

〔設例〕

　甲税務署長は滞納者Aの滞納国税（令和5年分の申告所得税100万円、納期限令和6年3月15日）を徴収するため、令和6年6月17日に滞納者が所有する不動産を差押えた。この不動産には令和6年2月10日付けで、権利者をBとする極度額1,000万円の根抵当権設定登記がされていたので、甲税務署長はBに対して差押えをした旨の通知を令和6年6月20日付で行った。なお、この時における上記不動産によって担保される根抵当権者Bの滞納者に対する債権額は800万円であった。

　滞納者Aは地方税（法定納期限令和6年7月31日）60万円も滞納しているためにC市役所の市民税課がその徴収をするために令和6年12月10日に上記の甲税務署長に対して参加差押を行い、同日付でBに対して参加差押をした旨を通知した。なお、この参加差押をした通知書がBに送達された時における上記不動産によって担保される根抵当権者Bの滞納者に対する債権額は1,050万円あった。また、上記不動産については令和6年11月30日付けで極度額を1,000万円から1,250万円とする極度額増額の登記がされていた。

　甲税務署長は令和7年4月10日、上記不動産を公売に付し、買受人からの1,150万円の換価代金を受領している。これによりBからは上記不動産に設定された根抵当権によって担保される債権額が1,200万円、また、C市長からは上記参加差押に係る滞納地方税額60万円の記載のある債権現在額申立書がそれぞれ甲税務署長に提出された。

〔第二問〕—45点—
下記の設例を参考にして各設問に答えなさい。なお土曜、日曜及び祝日等並びに滞納処分費、附帯税及び遅延利息等については考慮する必要はない。

〔設　例〕
　　納税者Aは平成6年度の申告所得税 1,300 万円（法定納期限：令和7年3月15日）を滞納している。後日Aは資金繰りの悪化により、M銀行から 2,000 万円を借入れ、その所有する唯一の財産である土地に令和7年4月10日に同額の抵当権イを設定登記した。Aは更なる資金不足によりこの土地を取引先であるB社に令和7年5月7日に譲渡した。Aにはこの土地の譲渡により滞納処分が執行できる財産は有しない状況となっている。
　　この土地を取得したB社は納期限を令和7年5月31日とする法人税 300 万円を滞納していた。B社も資金不足のため、N銀行から 600 万円を借入れて令和7年6月9日に同額の抵当権ロを設定登記した。なお、B社はその後も法人税の納付を行うことはなく、現在も滞納の状況は継続していた。
　　このため、B社の所在地を所轄する乙税務署では、A社より令和7年5月7日に取得した土地に滞納処分を行い、令和7年8月20日に 2,800 万円で換価された。

設問1（20点）
問1
　上記設例によれば、納税者Aの住所を所轄する甲税務署長はAの滞納所得税 1,300 万円を徴収することができるかを検討し、徴収可能であればその金額を計算過程を示しながら答えなさい。

問2
　上記、問1により甲税務署がAの国税を徴収可能とした場合、甲税務署長は乙税務署長に交付要求をすることになる。しかし、この交付要求は国税徴収法第 82 条に規定する交付要求とは異なるが、どのような点で異なるのかを説明しなさい。

問3
　国税徴収法では甲税務署長は抵当権者に代わって代位実行をすることができると規定されているが、これについて説明しなさい。

設問2（25点）
　上記の設問1における令和6年5月7日に行われた譲渡が、将来Aが譲渡対価に相当する金額をBに支払うことにより、その土地を買戻すことができる譲渡担保契約となっていた。このために滞納者Aの住所地を所轄する甲税務署は、国税徴収法第 24 条の譲渡担保権者の物的納税責任の規定により、B社の譲渡担保財産からAの所得税が徴収可能と判断した。これにより令和7年7月1日にB社に対して告知書を発した後、令和7年7月20日に差押えを行った。この乙税務署が行った差押について、乙税務署長はB社の滞納法人税 300 万円の徴収のために令和7年7月25日に甲税務署長に交付要求を行った。その後の令和7年8月20日にこの土地が 2,800 万円で換価された。

この場合のAの滞納所得税の徴収可能額について計算過程を示しながら答えなさい。
　なお、Bの滞納法人税に関する納期限、滞納税額、また抵当権イ、及びロの条件などは設問1と同様とする。

〔第二問〕―40点―
　次の〔設例〕において、A株式会社の滞納国税を徴収するため、国税徴収法上考えられる徴収方途及び徴収可能額について、その根拠を示して答えなさい。なお、土曜、日曜及び祝日等、並びに滞納処分費及び付帯税については考慮する必要はない。

〔設例〕
1. A株式会社は令和7年9月20日に令和6年4月1日から令和7年3月31日までの事業年度に係る法人税1,200万円の更正処分を令和7年9月20日（納期限：令和7年10月20日）に所轄のZ税務署から受けた。
　　この更正処分はA株式会社が事業閉鎖を前提にして令和6年4月1日から令和7年3月31日の事業年度において、その預金等の財産を隠蔽するため、かねてからの仕入先B株式会社との共謀により架空経費を計上したことを原因とするものであった。
　　なお、A社はこの更正処分に係る法人税1,200万円をその納期限までに納付することができず滞納となっている。

2. A株式会社を所轄するZ税務署の徴収部がこの滞納について、財産の調査等を行ったところ下記の事実が明らかになった。
　(1)　A株式会社は同族会社でありその持ち株状況は下記の通りであった。
　　　①　代表取締役甲　　発行済株式50%保有
　　　②　甲の配偶者乙　　発行済株式25%保有
　　　　　　　　　　　　　甲の配偶者である乙は取締役などの役員ではなく、経営には関わっていない。
　　　③　株式会社C社　　発行済株式25%保有
　　　　　　　　　　　　　この株式会社C社は甲の弟である丙が代表取締役として80%をその妻である丁が20%の株式を保有している同族会社である。

　(2)　A株式会社は、令和7年4月1日以降は実質的に事業は行っておらず、財産の処分もほぼ完了しており、いわゆる休眠状態であった。このため滞納処分を執行することができる財産も皆無であることが明らかになっている。

　(3)　所轄であるZ税務署の徴収職員がさらに調査を進めたところ、A社の株主甲、及びC社は架空経費の支払いを共謀したB社から、その支払額の一部である600万円の還元を令和6年8月20日に受けており、その金額は下記の通りであった。
　　　代表取締役甲　　450万円
　　　C株式会社　　　150万円

3. A社の代表取締役である甲は上記の分配金である450万円全額を資本金として出資して、100%株主として令和6年11月15日付で同族会社D社を設立している。このD社は財産の調査日現在、従前のA社とは全く異なる内容の事業を新たに行っている。

(1) 代表取締役であった甲は、取引先B社からの450万円全額をD社に対する出資金としたために、滞納処分を執行できる財産はほぼ有しない状態である。
(2) 甲が現在保有するD社株式は、事業規模やその内容から換価による買受人があるとは想像に難くない。
(3) D社の定款においては、株式の譲渡については制限が設けられている。
(4) D株式会社の調査日現在の財政状態は下記の通りである。
　　現金預金　　50万円
　　売掛金等　　60万円
　　土地建物　440万円
　　買掛金等　100万円

4. C株式会社は丙とその妻である丁の夫婦2名が出資して設立した同族会社（資本金500万円）であり、丙が代表取締役として、その経営を行っていた。しかし、丙及び丁のいずれもが高齢であることなどを理由にして、今回法人の解散手続を行った。
(1) 清算人として従前の代表取締役の丙を選任することにしてその手続きを進めた。
(2) 上記C社がB社から架空経費の支払分として還元を受けた150万円は、リベートを受取った直後である令和6年9月1日に解散の決議を行うと同時に、株主として出資割合に応じて、丙に120万円、同じく丙の配偶者である丁に30万円を現金で分配した。
(3) C社は令和6年11月25日に解散の登記を行っている。
(4) C社はすでに解散していることから無財産であり、滞納処分を執行できるような財産は存在しない状況である。

〔第二問〕—35点—
　下記に示す設例を参考にして、令和7年2月25日以降にどのような方法により各国税を徴収あるいは保全すべきであるか、その方途を説明しなさい。
　なお、土曜、日曜及び祝日等は一切考慮する必要はない。

〔設例〕
1. 納税者甲の父乙が令和7年1月17日に心筋梗塞により死亡したため、甲は父乙に関係する相続手続を行うことになった。関係する事項は次の通りである。
   (1) 相続財産として乙は下記2.に掲げる賃貸アパートの他に住宅用の不動産、さらに若干の預貯金があった。なお、乙には借入金などの債務は無かった。
   (2) 乙の配偶者も平成29年にすでに死亡しており、相続人は甲一人である。また、甲はこの相続について単純承認をすることにしている。
   (3) 甲は相続登記をすることを既に司法書士に依頼しており、近日中名義変更が完了する予定である。
   (4) 乙の死亡時における相続財産の総額が基礎控除額を超えるため、甲は相続税の申告をする必要がある。
   (5) 被相続人乙は、相続人甲とは別居しており、乙の住所を所轄するのはX税務署である。
   (6) 甲は現在もその申告手続等について模索中であるため、相続税の申告と納付は期限直前になるものと予想される。

2. 被相続人乙の生前における所得とその申告状況は下記のとおりである。
   (1) 被相続人である乙は賃貸アパートを保有しおり、この家賃収入と年金により生活を維持していた。これにより乙は従来から青色申告をしており、毎年納期限までにその申告額を適切に納付しており滞納の事実はなかった。
   (2) 乙の死亡により、相続人である甲は被相続人乙の令和6年分と令和7年1月1日から乙死亡の1月17日までの2年度分の準確定申告書を令和7年2月19日に乙の所轄であるX税務署に提出した。
   　　ただし、この令和6年分と令和7年分の準確定申告分の所得税の納付は、納期限である令和7年5月17日の直前まで行わない予定である。

3. 甲自身も被相続人乙とは別個に事業を営んでいた。この事業に係る令和5年度の申告所得税（法定納期限：令和6年3月15日）に次のような事情が発生していた。
   (1) 令和6年の年初以来甲の体調不良によることを理由に、事業の状況が芳しくなかった。その結果資金繰りが厳しい状況にあり、令和5年分の申告所得税の一括納付が困難であった。
   (2) 上記(1)の事情を所轄であるY税務署の当該職員に相談したところ、申請により国税通則法第46条に規定する納税の猶予の適用を受けることができた。これによりその納付が1年間猶予されて令和7年4月20日に猶予税額を一括納付することになった。

(3)　甲は上記(2)における納税の猶予の適用を受けるにあたり、取引先の代表者丙をその了解のもと保証人としての申請し、Y税務署長からの承認を受けていた。

4.　上記のような事情があるところに、甲の令和4年度の申告所得税について、関係取引先との悪質な方法により国税を免れる行為があったとして、令和7年2月25日に国税通則法第131条の強制捜査が行われた。
　　これにより当日、令和4年度分の帳簿、証憑類などの所得金額の確認できる関係書類一切が押収されている。

5.　甲は1月の父の死亡や上記4.の事実があったために、事務的にも混乱しており、令和6年分の所得税（法定納期限：令和7年3月15日）の申告は、その期限直前でなければ行うことができないと考えられる。

ネットスクール

過去問題
問題・答案用紙

―〈問題用紙・答案用紙ご利用時の注意〉―――
　以下の「問題用紙・答案用紙」はこの色紙を残したままていねいに抜き取り、綴込みの針金を外してご使用ください。
　なお、針金を外す際は、素手ではなくドライバー等の器具を必ずご使用ください。
　また、抜き取りによる損傷についてのお取り替えはご遠慮願います。

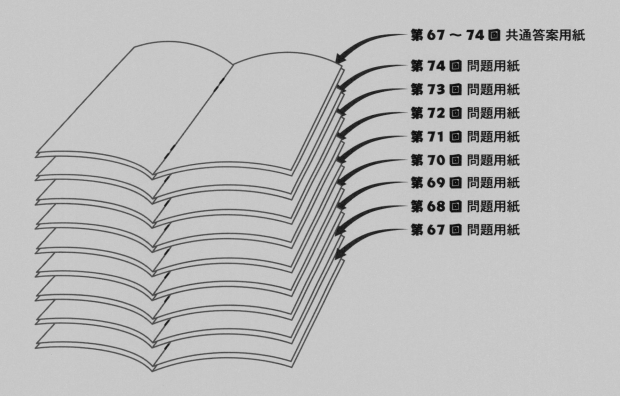

第67～74回 共通答案用紙
第74回 問題用紙
第73回 問題用紙
第72回 問題用紙
第71回 問題用紙
第70回 問題用紙
第69回 問題用紙
第68回 問題用紙
第67回 問題用紙

●用紙の構成
　図のとおり、外側から「第67回」「第68回」「第69回」「第70回」「第71回」「第72回」「第73回」「第74回」「第67～74回　共通答案用紙」の順に、まとめて綴じてあります。
　なお、過去問題の答案用紙については、1セットのご用意となっており、各回共通ですのでご注意ください。

ネットスクール出版

Z－75－H
国税徴収法　過去問
平成29年度（第67回）

第67回（問題編）

（禁無断転載）

－実際の試験では以下の文言が記載されています－

〔注意事項〕

1. 試験官の「始め」の合図があるまで、試験問題の内容は絶対に見てはいけません。
2. この試験の解答時間は、「始め」の合図があってから正味2時間です。
3. 試験時間終了前に受験を終了すること（途中退室）は認めません。
4. 「やめ」の合図があったら直ちにやめてください。
5. 試験問題及び計算用紙は提出する必要はありません。
6. 答案の作成には、必ず黒又は青のインキ（ボールペンを含む。以下同じ。）を用いてください。鉛筆、赤のインキ、消せるボールペン等の修正可能な筆記具を用いてはいけません。修正液又は修正テープの使用は認めます。
7. 答案用紙は無解答の場合も回収しますから、それぞれの答案用紙（第一問用及び第二問用）に受験地、受験番号を必ず記入してください。氏名その他符号等は一切記入してはいけません。
8. 答案用紙はホチキス留めから絶対に取り外さないでください。答案作成に当たっては、答案用紙のホチキス部分を折り曲げても差し支えありませんが、外さないように注意してください。
9. 解答は必ず答案用紙の所定の欄に明瞭に記載してください。
   なお、答案用紙及び計算用紙の再交付、追加交付はしません。
10. 試験問題は、令和7年4月4日現在の施行法令等によって出題されています。
11. 試験問題の内容についての質問にはお答えしません。
12. この問題のページ数は、「H1～H2」です。
13. 計算用紙は、答案用紙とともに配付します。

〔第一問〕 －50点－

問1　納期限前に災害により被害を受けた納税者の申告所得税（確定申告分）について、納税の猶予が最長でどれだけの期間にわたり適用されるか説明しなさい。

（注）　解答は、答案用紙の指定欄に記載すること。

問2　A株式会社は、平成27年3月決算（事業年度：平成26年4月1日から平成27年3月31日まで）に係る法人税の確定申告分（法定申告期限：平成27年5月31日）について脱税行為を行っていたため、平成28年2月1日に国税犯則取締法に基づく強制調査を受け、さらに、税務調査により平成28年10月31日付で更正処分を受けている（同日の午前10時に更正通知書の送達、納期限：平成28年11月30日）。

　X税務署長がA株式会社から上記の更正処分に係る法人税を徴収するため、理論上、滞納処分による差押えをすることができることとなり得た時期（差押えの始期）を早い順に、それぞれの差押えの要件と、その日付が始期となる理由を付して、答案用紙の指定欄に記載しなさい。

　なお、解答に当たり、土日、休日等を考慮する必要はない。

（注）　平成30年3月31日をもって国税犯則取締法は廃止され、この法律の規定が国税通則法に含有されることになっていることを考慮してほしい。

(禁無断転載)

Z－75－H
国税徴収法　過去問
平成30年度（第68回）

第68回（問題編）

－実際の試験では以下の文言が記載されています－

〔注意事項〕

1. 試験官の「始め」の合図があるまで、試験問題の内容は絶対に見てはいけません。
2. この試験の解答時間は、「始め」の合図があってから正味2時間です。
3. 試験時間終了前に受験を終了すること（途中退室）は認めません。
4. 「やめ」の合図があったら直ちにやめてください。
5. 試験問題及び計算用紙は提出する必要はありません。
6. 答案の作成には、必ず黒又は青のインキ（ボールペンを含む。以下同じ。）を用いてください。鉛筆、赤のインキ、消せるボールペン等の修正可能な筆記具を用いてはいけません。修正液又は修正テープの使用は認めます。
7. 答案用紙は無解答の場合も回収しますから、それぞれの答案用紙（第一問用及び第二問用）に受験地、受験番号を必ず記入してください。氏名その他符号等は一切記入してはいけません。
8. 答案用紙はホチキス留めから絶対に取り外さないでください。答案作成に当たっては、答案用紙のホチキス部分を折り曲げても差し支えありませんが、外さないように注意してください。
9. 解答は必ず答案用紙の所定の欄に明瞭に記載してください。
   なお、答案用紙及び計算用紙の再交付、追加交付はしません。
10. 試験問題は、令和7年4月4日現在の施行法令等によって出題されています。
11. 試験問題の内容についての質問にはお答えしません。
12. この問題のページ数は、「H1～H2」です。
13. 計算用紙は、答案用紙とともに配付します。

〔第一問〕　－50点－

問1　国税徴収法第98条第1項では、「税務署長は、近傍類似又は同種の財産の取引価格、公売財産から生ずべき収益、公売財産の原価その他の公売財産の価格形成上の事情を適切に勘案して、公売財産の見積価額を決定しなければならない。この場合において、税務署長は、差押財産を公売するための見積価額の決定であることを考慮しなければならない」と規定されている。

また、不動産を公売する場合は、公売の日から3日前の日までに見積価額を公告しなければならないとされている（国税徴収法第99条第1項第1号）。

(1)　「税務署長は、差押財産を公売するための見積価額の決定であることを考慮しなければならない」とされている趣旨（理由）を説明しなさい。

(2)　不動産の公売における見積価額とその公告について、これらが公売において果たす役割とその理由を説明しなさい。

問2　税務署長は、賃借権の目的となっている不動産を差し押さえた場合は、その賃借権を有する者に対して、その不動産を差し押さえた旨を通知しなければならないこととされている。その理由について、国税徴収法に定められた制度に言及しながら説明しなさい。

問3　次の設例において、国税徴収法の規定に基づき、A税務署長が甲土地から滞納者Bの所得税を徴収することができる金額について、理由を付して説明しなさい。

なお、延滞税、利息等の額を考慮する必要はない。

［設例］
1　滞納者Bは、平成28年分の所得税600万円（期限内に申告）を滞納している。
2　滞納者Bは、唯一の財産である甲土地（評価額900万円）を平成30年2月1日に親族Cに贈与し、同日、所有権移転の登記がされた。
3　甲土地には抵当権が設定されており、上記2の贈与に当たり、被担保債権に係る債務は親族Cが引き受け、滞納者Bに代わって返済をすることにつき、抵当権者Dを含めた三者間で合意している。

抵当権の内容：被担保債権額400万円、平成29年6月1日登記

(禁無断転載)

Z－75－H
国税徴収法　過去問
令和元年度(第69回)

第69回（問題編）

－実際の試験では以下の文言が記載されています－

〔注意事項〕

1. 試験官の「始め」の合図があるまで、試験問題の内容は絶対に見てはいけません。
2. この試験の解答時間は、「始め」の合図があってから正味2時間です。
3. 試験時間終了前に受験を終了すること（途中退室）は認めません。
4. 「やめ」の合図があったら直ちにやめてください。
5. 試験問題及び計算用紙は提出する必要はありません。
6. 答案の作成には、必ず黒又は青のインキ(ボールペンを含む。以下同じ。)を用いてください。鉛筆、赤のインキ、消せるボールペン等の修正可能な筆記具を用いてはいけません。修正液又は修正テープの使用は認めます。
7. 答案用紙は無解答の場合も回収しますから、それぞれの答案用紙(第一問用及び第二問用)に受験地、受験番号を必ず記入してください。氏名その他符号等は一切記入してはいけません。
8. 答案用紙はホチキス留めから絶対に取り外さないでください。答案作成に当たっては、答案用紙のホチキス部分を折り曲げても差し支えありませんが、外さないように注意してください。
9. 解答は必ず答案用紙の所定の欄に明瞭に記載してください。
   なお、答案用紙及び計算用紙の再交付、追加交付はしません。
10. 試験問題は、令和7年4月4日現在の施行法令等によって出題されています。
11. 試験問題の内容についての質問にはお答えしません。
12. この問題のページ数は、「H1～H3」です。
13. 計算用紙は、答案用紙とともに配付します。

〔第一問〕 －40点－
次の事項について、簡潔に説明しなさい。
1　交付要求と参加差押の異同について
　(1)　要件の異同
　(2)　手続の異同
　(3)　効果の異同
2　徴収職員における財産調査権限について

Z－75－H

国税徴収法　過去問

令和2年度（第70回）

第70回（問題編）

－実際の試験では以下の文言が記載されています－

〔注意事項〕

1. 試験官の「始め」の合図があるまで、試験問題の内容は絶対に見てはいけません。
2. この試験の解答時間は、「始め」の合図があってから正味2時間です。
3. 試験時間終了前に受験を終了すること（途中退室）は認めません。
4. 「やめ」の合図があったら直ちにやめてください。
5. 試験問題及び計算用紙は提出する必要はありません。
6. 答案の作成には、必ず黒又は青のインキ（ボールペンを含む。以下同じ。）を用いてください。鉛筆、赤のインキ、消せるボールペン等の修正可能な筆記具を用いてはいけません。修正液又は修正テープの使用は認めます。
7. 答案用紙は無解答の場合も回収しますから、それぞれの答案用紙（第一問用及び第二問用）に受験地、受験番号を必ず記入してください。氏名その他符号等は一切記入してはいけません。
8. 答案用紙はホチキス留めから絶対に取り外さないでください。答案作成に当たっては、答案用紙のホチキス部分を折り曲げても差し支えありませんが、外さないように注意してください。
9. 解答は必ず答案用紙の所定の欄に明瞭に記載してください。
    なお、答案用紙及び計算用紙の再交付、追加交付はしません。
10. 試験問題は、令和7年4月4日現在の施行法令等によって出題されています。
11. 試験問題の内容についての質問にはお答えしません。
12. この問題のページ数は、「H1～H2」です。
13. 計算用紙は、答案用紙とともに配付します。

〔第一問〕 －50点－

問1　国税徴収法第104条第1項では、徴収職員は、見積価額以上の入札者等のうち最高の価額による入札者等を最高価申込者として定めなければならないと規定され、また、同法第104条の2第1項では、徴収職員は入札の方法により不動産等の公売をした場合において、最高価申込者の入札価額（以下「最高入札価額」という。）に次ぐ高い価額（見積価額以上で、かつ、最高入札価額から公売保証金の額を控除した金額以上であるものに限る。）による入札者から次順位による買受けの申込みがあるときは、その者を次順位買受申込者として定めなければならないと規定されている。

(1)　不動産等の公売において、「最高入札価額に次ぐ高い価額による入札者から次順位による買受けの申込みがあるときは、その者を次順位買受申込者として定めなければならない」とされている趣旨（理由）を説明しなさい。

(2)　不動産等の公売において、最高価申込者の場合と異なり、次順位買受申込者を本人の申込制としている理由を説明しなさい。

(3)　次順位買受申込者となる者の要件について説明するとともに、最高入札価額に次ぐ高い価額による入札者が2名以上で、その全ての者から買受けの申込みがあった場合の次順位買受申込者の定め方について説明しなさい。

問2　次の事項について、簡潔に説明しなさい。ただし、税務署長が行う処理については説明する必要はない。

(1)　財産の差押換えの請求について
(2)　交付要求の解除の請求について

(禁無断転載)

Z-75-H
国税徴収法　過去問
令和3年度(第71回)

第71回（問題編）

－実際の試験では以下の文言が記載されています－

〔注意事項〕

1. 試験官の「始め」の合図があるまで、試験問題の内容は絶対に見てはいけません。
2. この試験の解答時間は、「始め」の合図があってから正味2時間です。
3. 試験時間終了前に受験を終了すること（途中退室）は認めません。
4. 「やめ」の合図があったら直ちにやめてください。
5. 試験問題及び計算用紙は提出する必要はありません。
6. 答案の作成には、必ず黒又は青のインキ（ボールペンを含む。以下同じ。）を用いてください。鉛筆、赤のインキ、消せるボールペン等の修正可能な筆記具を用いてはいけません。修正液又は修正テープの使用は認めます。
7. 答案用紙は無解答の場合も回収しますから、それぞれの答案用紙（第一問用及び第二問用）に受験地、受験番号を必ず記入してください。氏名その他符号等は一切記入してはいけません。
8. 答案用紙はホチキス留めから絶対に取り外さないでください。答案作成に当たっては、答案用紙のホチキス部分を折り曲げても差し支えありませんが、外さないように注意してください。
9. 解答は必ず答案用紙の所定の欄に明瞭に記載してください。
   なお、答案用紙及び計算用紙の再交付、追加交付はしません。
10. 試験問題は、令和7年4月4日現在の施行法令等によって出題されています。
11. 試験問題の内容についての質問にはお答えしません。
12. この問題のページ数は、「H1～H3」です。
13. 計算用紙は、答案用紙とともに配付します。

〔第一問〕 －50点－

問1 国税徴収法第79条は、差押えを解除しなければならない場合及び差押えを解除することができる場合の要件を定めたものである。そのうち「差押えを解除することができる場合」について説明しなさい。

問2 公売における売却決定について、次の(1)及び(2)の問に答えなさい。
(1) 国税徴収法第113条第1項は、不動産、船舶、航空機、自動車、建設機械、小型船舶、債権又は電話加入権以外の無体財産権等（以下「不動産等」という。）の最高価申込者に対する売却決定手続を定めたものである。
　　不動産等のうち、次の財産の公売における売却決定の日が、公売する日と異なる日とされている理由について簡単に説明しなさい。
　　イ　自動車
　　ロ　不動産
(2) 換価した財産に係る売却決定の取り消される場合について説明しなさい。

(禁無断転載)

Ｚ－75－Ｈ
国税徴収法　過去問
令和4年度（第72回）

第72回（問題編）

－実際の試験では以下の文言が記載されています－

〔注意事項〕

1. 試験官の「始め」の合図があるまで、試験問題の内容は絶対に見てはいけません。
2. この試験の解答時間は、「始め」の合図があってから正味2時間です。
3. 試験時間終了前に受験を終了すること（途中退室）は認めません。
4. 「やめ」の合図があったら直ちにやめてください。
5. 試験問題及び計算用紙は提出する必要はありません。
6. 答案の作成には、必ず黒又は青のインキ（ボールペンを含む。以下同じ。）を用いてください。鉛筆、赤のインキ、消せるボールペン等の修正可能な筆記具を用いてはいけません。修正液又は修正テープの使用は認めます。
7. 答案用紙は無解答の場合も回収しますから、それぞれの答案用紙（第一問用及び第二問用）に受験地、受験番号を必ず記入してください。氏名その他符号等は一切記入してはいけません。
8. 答案用紙はホチキス留めから絶対に取り外さないでください。答案作成に当たっては、答案用紙のホチキス部分を折り曲げても差し支えありませんが、外さないように注意してください。
9. 解答は必ず答案用紙の所定の欄に明瞭に記載してください。
   なお、答案用紙及び計算用紙の再交付、追加交付はしません。
10. 試験問題は、令和7年4月4日現在の施行法令等によって出題されています。
11. 試験問題の内容についての質問にはお答えしません。
12. この問題のページ数は、「Ｈ１～Ｈ３」です。
13. 計算用紙は、答案用紙とともに配付します。

〔第一問〕 －50点－

問1　国税滞納処分の差押えの一般的な要件の一つとして、国税徴収法第47条第1項第1号は、「督促状を発した日から起算して10日を経過した日までに完納しないとき。」と規定しているが、例外的に、督促を要しない国税の差押えを行うことができる場合がある。

　　督促を要しない国税（担保の処分、譲渡担保権者の物的納税責任の追及及び国税に関する法律の規定により一定の事実が生じた場合に直ちに徴収するものとされている国税を除く。）の差押えを行うことができる場合について、簡潔に説明しなさい。

問2　納税の緩和制度の一つである滞納処分の停止について、その要件及び効果を説明しなさい。

（禁無断転載）

Z－75－H
国税徴収法　過去問
令和5年度（第73回）

第73回（問題編）

－実際の試験では以下の文言が記載されています－

〔注意事項〕

1. 試験官の「始め」の合図があるまで、試験問題の内容は絶対に見てはいけません。
2. この試験の解答時間は、「始め」の合図があってから正味2時間です。
3. 試験時間終了前に受験を終了すること（途中退室）は認めません。
4. 「やめ」の合図があったら直ちにやめてください。
5. 試験問題及び計算用紙は提出する必要はありません。
6. 答案の作成には、必ず黒又は青のインキ(ボールペンを含む。以下同じ。)を用いてください。鉛筆、赤のインキ、消せるボールペン等の修正可能な筆記具を用いてはいけません。修正液又は修正テープの使用は認めます。
7. 答案用紙は無解答の場合も回収しますから、それぞれの答案用紙(第一問用及び第二問用)に受験地、受験番号を必ず記入してください。氏名その他符号等は一切記入してはいけません。
8. 答案用紙はホチキス留めから絶対に取り外さないでください。答案作成に当たっては、答案用紙のホチキス部分を折り曲げても差し支えありませんが、外さないように注意してください。
9. 解答は必ず答案用紙の所定の欄に明瞭に記載してください。
   なお、答案用紙及び計算用紙の再交付、追加交付はしません。
10. 試験問題は、令和7年4月4日現在の施行法令等によって出題されています。
11. 試験問題の内容についての質問にはお答えしません。
12. この問題のページ数は、「H1～H4」です。
13. 計算用紙は、答案用紙とともに配付します。

〔第一問〕 －65点－
問1（35点）
次の⑴～⑶について、簡潔に説明しなさい。
⑴ 共同的な事業者の第二次納税義務の要件及び責任の限度
⑵ 国税に関する法律に基づく処分に対する不服申立てと国税の徴収との関係（ただし、国税不服審判所長及び行政不服審査法第11条第2項に規定される審理員の権限に属する事項については説明する必要はない。）
⑶ 国税通則法第46条の納税の猶予を税務署長等が取り消すことができる場合及びその手続

問2（15点）
国税徴収法においては、滞納処分に関する不服申立て等の期限の特例に関する規定が設けられているが、その特例の内容について説明するとともに、その特例が設けられている趣旨（理由）について、滞納処分の違法性の承継に触れつつ説明しなさい。

問3（15点）
次の〔設例〕において、①～③の事由が、国税の徴収権の消滅時効にどのように影響を及ぼすか（具体的日付を用いて説明する必要はない。）を述べた上で、消滅時効の完成により、甲の滞納国税について徴収権を行使することができなくなる日を答えなさい。なお、附帯税について考慮する必要はない。

〔設例〕
滞納者甲は、令和5年3月10日、令和4年分の申告所得税の確定申告を行い、納付すべき税額（300万円）が確定したが、法定納期限である令和5年3月15日までに納付しなかった。（なお、他に滞納となっている国税はない。）
① そのため、甲の滞納国税の納税地を所轄する乙税務署長は、同年4月26日、甲の令和4年分申告所得税に係る督促状を発送し、督促状は同月28日に甲に送達された。
② 督促状の送付を受けた甲は、同年5月15日に乙税務署を訪れ、令和4年分申告所得税を一時に納付することが困難であるとして、同国税につき国税徴収法第151条の2の規定による換価の猶予の申請を行った。
乙税務署長は、甲の申請を許可することとし、同月22日、甲の令和4年分申告所得税全額について、猶予期間を同月15日から同年10月31日までとし、各月末日に50万円ずつ分割して納付することを内容とする換価の猶予許可通知書を発送し、同通知書は同月24日に甲に送達された。
③ 同年6月28日、甲の財産について強制執行が開始されたことから、同年7月5日、乙税務署長は、甲の滞納国税について丙地方裁判所に交付要求を行うこととし、同日、丙地方裁判所宛に交付要求書を発送するとともに、甲宛に交付要求通知書を発送した。

交付要求書は同月6日に丙地方裁判所に送達されたものの、同月10日、甲宛の交付要求通知書が郵便局から返戻されたため、同月12日、乙税務署徴収職員は甲の自宅に赴き、甲に交付要求通知書を交付した。

　同年8月31日、乙税務署長は、上記の交付要求に基づく配当として金銭100万円の交付を受け、同日、甲の滞納国税に充当したが、甲からは、その後も残額の200万円が納付されることはなく換価の猶予期間を経過した。

〔第二問〕 －35点－

次の〔設例〕において、以下の**問1**及び**問2**に答えなさい。

〔設例〕

1　印刷工場を経営する滞納会社甲社は、令和4年1月1日から令和4年12月31日までの期間を事業年度（消費税及び地方消費税の課税期間）とする消費税及び地方消費税確定分200万円（法定納期限等：令和5年2月28日）を滞納している。

2　令和5年6月1日、甲社は、その代表者の知人である乙との間で、乙から事業資金として500万円を借り入れるに当たり、甲社が所有する印刷用の機械設備（評価額500万円）を担保の目的で乙に譲渡する旨の契約を締結し、同月5日、動産譲渡登記を経由した。

3　令和5年9月4日、X税務署長は、甲社の滞納国税200万円を徴収するため、譲渡担保権者である乙に対して国税徴収法第24条第2項に基づく告知を行うとともに、乙の納税地を管轄するY税務署長及び甲社に対し、その旨を通知した。

4　上記3の告知を受けた乙は、上記2の貸付金について、甲社からの返済が滞っていたことから、令和5年9月7日、甲社に対して譲渡担保権を実行する旨の通知を行い、返済されていない貸付金額450万円と機械設備の時価500万円との差額50万円を現金で甲社に交付するとともに、その機械設備を乙の事務所に持ち帰った。
　　これにより、乙は譲渡担保財産である機械設備の所有権を確定的に取得するとともに、甲社と乙との間に債権債務関係はなくなった。

5　乙は、令和4年分の消費税及び地方消費税400万円（法定納期限等：令和5年3月31日）を滞納していた。

6　令和5年9月11日、Y税務署徴収職員は、乙の財産調査のために乙の事務所を訪れたところ、上記4の事実を把握したため、乙が取得した機械設備を差し押さえた。

7　令和5年9月18日、X税務署長は、甲社の滞納国税を徴収するため、Y税務署長が差し押さえた機械設備につき参加差押えをした。

8　令和5年9月20日、Z県税事務所長は、乙の滞納地方税200万円（法定納期限等：令和4年8月31日）を徴収するため、Y税務署長が差し押さえた機械設備につき参加差押えをした。

9　甲社及び乙は、他に差し押さえるべき財産を有していない。

(禁無断転載)

Z－75－H
国税徴収法　過去問

令和6年度(第74回)

第74回(問題編)

－実際の試験では以下の文言が記載されています－

〔注意事項〕

1. 試験官の「始め」の合図があるまで、試験問題の内容は絶対に見てはいけません。
2. この試験の解答時間は、「始め」の合図があってから正味2時間です。
3. 試験時間終了前に受験を終了すること（途中退室）は認めません。
4. 「やめ」の合図があったら直ちにやめてください。
5. 試験問題及び計算用紙は提出する必要はありません。
6. 答案の作成には、必ず黒又は青のインキ（ボールペンを含む。以下同じ。）を用いてください。鉛筆、赤のインキ、消せるボールペン等の修正可能な筆記具を用いてはいけません。修正液又は修正テープの使用は認めます。
7. 答案用紙は無解答の場合も回収しますから、それぞれの答案用紙（第一問用及び第二問用）に受験地、受験番号を必ず記入してください。氏名その他符号等は一切記入してはいけません。
8. 答案用紙はホチキス留めから絶対に取り外さないでください。答案作成に当たっては、答案用紙のホチキス部分を折り曲げても差し支えありませんが、外さないように注意してください。
9. 解答は必ず答案用紙の所定の欄に明瞭に記載してください。
   なお、答案用紙及び計算用紙の再交付、追加交付はしません。
10. 試験問題は、令和7年4月4日現在の施行法令等によって出題されています。
11. 試験問題の内容についての質問にはお答えしません。
12. この問題のページ数は、「H1～H4」です。
13. 計算用紙は、答案用紙とともに配付します。

〔第一問〕 －60点－

問1 （15点）

次の(1)及び(2)について、簡潔に説明しなさい。

(1) 無償又は著しい低額の譲受人等の第二次納税義務について定めた国税徴収法第39条の規定が設けられた趣旨

(2) 相続があった場合の滞納処分の効力

問2 （25点）

次の(1)及び(2)の問に答えなさい。

(1) 災害により財産に損失を受けた場合に適用され得る納税の猶予については、国税通則法第46条第1項及び第2項第1号にそれぞれ規定が設けられている。これらの規定に基づく納税の猶予の概要について簡潔に説明するとともに、その相違点を答えなさい。

なお、納税の猶予の効果については説明する必要はない。

（注） 解答に当たっては、国税通則法第46条第1項の納税の猶予を「1項猶予」と、同条第2項第1号の納税の猶予を「2項猶予」と省略して記載して差し支えない。

(2) 滞納者Xから絵画及び貴金属（以下「絵画等」という。）を預かっていたXの知人A宅に、Y税務署徴収職員が臨場した。Aは、徴収職員から、「あなたがXから預かっている絵画等について、Xの財産に対する滞納処分として差し押さえたいので、協力をお願いしたい。」と言われたが、「絵画等はXから預かっているものであり、Xの了承なく応じることはできない。」と答え、徴収職員の依頼に応じなかった。

この後、徴収職員が絵画等の差押えのために採るべき措置及び絵画等の差押えの効力発生時期を答えなさい。

問3 （20点）

次の(1)及び(2)について、納税者等の不動産が換価された場合の各債権に対する配当金額及び残余金の金額を、計算過程と根拠を示して答えなさい。

（注） 配当金額の計算に当たっては、利息、遅延損害金、延滞税及び延滞金について一切考慮する必要はない。

(1) 不動産の換価代金・・・・・2,000万円

直接の滞納処分費・・・・・10万円

A銀行の抵当権（令和2年6月3日設定登記）の被担保債権・・・700万円

B税務署の差押え（令和4年1月15日登記）に係る国税（法定納期限等　令和3年3月15日）・・・・・・・・・・400万円

C銀行の抵当権（令和4年8月30日設定登記）の被担保債権・・600万円

D社の不動産保存の先取特権（令和4年12月1日登記）の被担保債権100万円

E県参加差押え（令和5年5月25日登記）に係る地方税（法定納期限等　令和4年3月31日）‥‥‥‥‥500万円

　　　F市参加差押え（令和5年10月10日登記）に係る地方税（法定納期限等　令和元年12月20日）‥‥‥‥‥300万円

(2)　不動産の換価代金‥‥‥2,000万円

　　　A銀行の抵当権（令和4年8月31日設定登記）の被担保債権‥500万円

　　　B銀行の抵当権（令和5年6月15日設定登記）の被担保債権‥400万円

　　　C銀行の抵当権（令和5年9月15日設定登記）の被担保債権‥600万円

　　　D銀行の抵当権（令和5年9月30日設定登記）の被担保債権‥300万円

　　　E税務署の交付要求（令和5年12月13日）に係るXの国税（法定納期限等　令和5年5月31日）‥‥‥‥‥‥700万円

　（注1）　本件の不動産は、令和5年10月25日にXからYに譲渡されている。

　（注2）　E税務署の交付要求は適法であるものとする。

〔第二問〕－40点－

次の〔設例〕において、A社の滞納国税を徴収するため、国税徴収法上考えられる徴収方途及び徴収可能額について、その根拠を示して答えなさい。なお、土日、祝日等は考慮する必要はない。また、滞納処分費及び附帯税について考慮する必要はない。

〔設例〕

1 飲食業及び食料品製造業を営むA社（代表者Pが100％株主である。）は、飲食業部門の事業を別会社に承継することを目的として、新たに株式会社B社（代表者はPの配偶者であるQ）を設立する会社分割（以下「本件新設分割」という。）を行うこととし、令和4年8月31日、本件新設分割に係る新設分割計画について株主総会の特別決議により承認を得た。

2 本件新設分割の内容は、おおむね次のとおりである。
　① B社が分割に際して発行する株式
　　B社は、本件新設分割に際して普通株式100株を発行し、その全部をA社に交付する。
　② 承継する権利義務
　　A社の飲食業部門の事業に属する資産、債務、雇用契約その他の権利義務を承継する。なお、B社に承継する具体的な資産及び債務の内容及び価額は以下のとおりである。
　　（資産）
　　　店舗土地　　2,000万円
　　　店舗建物　　1,000万円
　　　店舗備品　　　500万円
　　　売掛金　　　　200万円
　　（債務）
　　　買掛金　　　　800万円
　　　借入金　　　2,500万円
　　　未払給与　　　200万円
　③ 本件新設分割の効力発生日
　　令和4年10月1日

3 令和5年3月1日、A社は、B社の株式100株をPの長男R及び次男Sに、それぞれ50株ずつ譲渡した。なお、譲渡代金は各200万円（時価相当額は各400万円）である。

4 B社は、A社から引き継いだ飲食業を営んでいたものの、次第に業績が悪化したことにより廃業するに至り、令和6年4月30日、株主総会の特別決議により解散の決議がなされ、代表者であるQが清算人に選任された。

令和7年度　税理士試験
国税徴収法　ラストスパート模試

〈答案用紙〉

過去問ゼミ共通

（禁無断転載）

〔答案用紙ご利用時の注意〕
1. 実際の税理士試験では、この表紙はありません。
2. ネットスクールホームページでは、答案用紙のダウンロードサービスを行っています。
   ホームページ（https://www.net-school.co.jp/）よりご利用ください。
3. 答案の採点は、模範解答をもとに各自で行ってください。

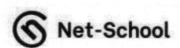

Z-75-H 国税徴収法 ラストスパート模試 過去問共通 〔第一問〕 答案用紙

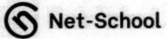

受験番号

過去問 共通答案－ H4 －

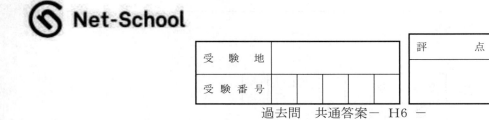

受験番号

過去問 共通答案 － H8 －

受験番号

過去問 共通答案 － H8 －

5　令和6年7月1日、Qは、B社の土地建物等の売却代金を原資として未払債務を弁済した後、その残額をR及びSに、各300万円ずつ分配した。

6　令和6年7月、A社はX税務署による税務調査を受け、同年8月23日に、令和3年1月1日から令和3年12月31日までの課税期間に係る消費税及び地方消費税について修正申告を行い、1,000万円（内飲食業に係る金額400万円、食料品製造業に係る金額600万円）を納付すべきこととなったが、A社も廃業を予定しており、A社に滞納処分を執行することができる財産はない。

問 1 （20 点）

国税徴収法第 24 条に基づく譲渡担保権者の物的納税責任を追及するための一般的な要件を述べた上で、X 税務署長が行った参加差押えの有効性について、理由を付して答えなさい。

問 2 （35 点）

機械設備が滞納処分により換価された場合に、X 税務署長、Y 税務署長及び Z 県税事務所長が、それぞれ受けることができる配当金額について、理由を付して答えなさい。なお、換価代金は 500 万円とし、滞納処分費、附帯税及び遅延利息等について考慮する必要はない。

〔第二問〕 −50点−

次の問1〜問3において、甲税務署長が、現時点（令和4年8月時点）で、滞納者（A社、E社及び居住者I）の滞納国税を徴収するため、国税徴収法上の第二次納税義務による徴収方途及び徴収できる範囲について、その根拠を示して説明しなさい。

なお、甲税務署長が行う手続については、解答する必要はない。

問1

1. A社は、平成29年6月1日に設立された税理士法人である。
2. A社の社員は、設立時からの社員であるB及び令和3年4月1日に入社したCの2名である。なお、設立時からの社員であったDは、令和3年10月31日付で退社（登記済）している。
3. 現在、A社は、活動を停止しており事業再開の目途は立っておらず、滞納処分の執行が可能な財産は有していない。
4. A社は、令和元年5月期消費税及び地方消費税の確定申告分1,000,000円を滞納している。

問2

1. E社は、資本金1,000,000円の株式会社であり、その株式の保有割合は、代表者F及び役員Gがそれぞれ50%ずつとなっている。（F及びG以外に役員等はいない。）
2. E社は、令和2年3月期法人税の確定申告分3,000,000円を滞納している。
3. E社は、令和4年3月31日、株主総会において解散を決議し、清算人にFを選任した（登記済）。
4. 清算人であるFは、その選任時におけるE社の残余財産について、その選任後に、次のとおり清算手続（分配）を行った。
   (1) 現金2,000,000円をF名義預金口座に振り込んだ。
   (2) 定期預金3,000,000円を解約し、G名義預金口座に振り込んだ。
   (3) H（Fの友人）に対する貸付金債権1,000,000円について、債権放棄した。
5. 現在、E社は、滞納処分の執行が可能な財産を有していない。

問3

1. 居住者Iは、自身が経営するJ株式会社（資本金1,000,000円。居住者Iが全額出資。）の借入金の物上保証人として、自らが所有していた不動産を担保として提供していたところ、J株式会社が当該借入金について返済不能となった。そのため、居住者Iは、令和2年3月31日、当該担保不動産を20,000,000円（時価相当額）で売却し、売却代金全額をJ株式会社の借入債務の返済に充てた。その結果、居住者Iは、J株式会社に対して、同額の求償債権を取得した。
2. 居住者Iは、上記不動産の売却を行った令和2年分に係る所得税15,000,000円について滞納した。

3 　居住者Ｉは、Ｊ株式会社の経営が悪化したため、事業再生士の指導・支援の下で、取引金融機関から金融支援（債権放棄）を受けるに当たり、令和3年10月31日、Ｊ株式会社に対する求償債権を放棄した。

　　なお、居住者Ｉが求償債権を放棄した時点での、当該求償債権の評価額は10,000,000円であった。

4 　Ｊ株式会社は、上記企業再生の手続後においては、業績が回復している。

5 　現在、居住者Ｉは、滞納処分の執行が可能な財産を有していない。

〔第二問〕 －50点－

次の設例において、以下の問1及び問2に答えなさい。なお土日、祝日等については考慮しない。

〔設 例〕

1　滞納会社甲は、次の国税について換価の猶予を申請し、令和2年3月1日から令和3年2月28日まで、換価の猶予に基づき、毎月末20万円の分割納付をすることとなった。

　　なお株式会社甲は、換価の猶予の申請に当たって、滞納会社甲の代表者Aが所有する乙土地について、担保提供を行い、抵当権の設定を受けた。

　・　対象国税：令和元年12月期消費税の確定申告分　500万円

　　　（法定納期限：令和2年2月29日・期限内申告）

2　株式会社甲は、換価の猶予が許可された後、令和2年10月末までの毎月20万円の納付を行っていたが、その後、取引先の倒産等の影響から売上が減少したため、令和2年11月以降の納付はできなかった。

3　X税務署の徴収職員Yは、令和3年1月20日、滞納会社甲の事務所へ臨場したところ、代表者Aから、令和2年12月末をもって事業を廃業しており、残りの滞納分の納付はできない旨の申出を受けた。

4　徴収職員Yは、直ちに換価の猶予を取り消した上で財産調査を行ったが、滞納処分の執行が可能な財産は発見できなかった。

　　そのため、乙土地の処分を進めるため、その権利関係を調査したところ、次のとおりであった。

　①　平成30年10月31日　抵当権設定登記

　　　（抵当権者：B銀行、債務者：甲、被担保債権額：500万円）

　②　平成31年3月20日　抵当権設定仮登記

　　　（抵当権者：C、債務者：A、被担保債権額：200万円）

　③　令和2年3月1日　抵当権設定登記

　　　（抵当権者：財務省（X税務署長）、債務者：甲、被担保債権額：500万円）

　④　令和2年11月30日　D年金事務所長差押え

　　　（滞納者：A、滞納保険料：100万円、法定納期限等：令和元年5月31日）

　⑤　令和3年1月15日　E市長参加差押え

　　　（滞納者：A、滞納地方税：500万円、法定納期限等：平成30年9月30日）

　⑥　令和3年1月25日　X税務署長担保物処分のために参加差押え

　　　（滞納者：甲、滞納国税：340万円、法定納期限等：令和2年2月29日）

5　X税務署長は、換価執行決定の効力が適法に生じたことから、乙土地の公売を行った。その結果、買受人から1,160万円を受領した。

　　この公売に際して、X税務署長は、乙土地の評価に係る鑑定料30万円を支払っている。またD年金事務所長は、差押えを行った直後に、乙土地の評価を鑑定士に依頼し、それに係る

鑑定料30万円を支払っていた。

なお、B銀行からは、抵当権に係る債権額が400万円である旨の債権現在額申立書が提出されているが、Cからの書類等の提出はない。

問1

(1) 国税徴収法第89条の2の規定は、参加差押えをした税務署長による換価執行を定めたものである。参加差押えをした税務署長による換価処分を定めた趣旨(理由)を説明しなさい。

(2) 参加差押えをした税務署長による換価執行制度において、その換価執行決定の効力を生じさせるための手続、関係者への通知及び換価に必要となる書類の引渡に関する手続について、次のイ～ハの権利者ごとに、この設例に沿った上で、趣旨(理由)を付して説明しなさい。

なお、実施する手続がない場合には、その旨を答えなさい。

イ　X税務署長

ロ　D年金事務所長

ハ　E市長

問2

乙土地の公売に伴う各債権者に対する換価代金の配当額を、計算過程とその根拠を示して答えなさい。なお、滞納国税、滞納地方税及び滞納保険料は、差押え又は参加差押え時点と変動はない

〔第二問〕 －50点－

次の設例を共通の前提として、以下の問1及び問2のそれぞれの事実に基づき、各問に答えなさい。なお、解答に当たり、延滞税、利息等の額及び土日、休日等を考慮する必要はない。また、令和元年分の申告所得税に関しては、期限の延長はされていないこととする。

［設　例］

小売業を営む納税者Aは、平成30年分の申告所得税の修正申告書（納税額150万円）を令和元年11月30日にY税務署長に提出したが、現在、Aは当面必要な事業資金以外に50万円しかなく、残額については即時に納付することが困難な状況であった。

なお、Aは、修正申告書を提出した時点において、上記修正申告分以外の滞納はない。

また、Aは、自宅兼事業所である不動産（評価額500万円）を所有している。

問1　納税者Aは、修正申告書を提出した日に納付可能額50万円を納付したが、残額については、事業の状況から毎月末20万円の分割納付をしたいと考えている。

修正申告書の提出時において、Aが行うことができる国税徴収法の措置として考えられるものについて、その要件及び手続（Aが提出すべき書類及び当該書類の記載内容）を簡潔に説明しなさい。

問2　納税者Aは、令和元年12月1日から令和2年4月30日まで、国税徴収法上の措置に基づき、毎月末20万円を分割納付することとなった。Aは、令和2年2月分までは順調に分割納付を行っていたものの、令和2年3月5日、突然、取引先Bが倒産したため、取引先Bに対する売掛金の回収ができなくなった。

Aは、令和元年分の申告所得税の確定申告書（納税額30万円）を令和2年3月13日に提出したが、上記売掛金の回収不能により即時の納付が困難であり、納税額全額について、確定申告書の提出と一緒に換価の猶予を申請した（申請書の記載に不備はなく、添付書類の不足もない。）。

Aは、令和2年3月以降の納付資金は毎月10万円が精一杯の状況であるところ、まずは平成30年分の申告所得税（修正分）の残額を分割納付し、その後、令和元年分の申告所得税（確定分）について、引き続き、分割納付したいと考えている。

この場合において、Y税務署長がとるべき措置について、理由を付して答えなさい。

なお、令和2年分の予定納税については、考慮する必要はない。

〔第二問〕 －60点－

次の設例において、滞納国税を徴収するため、国税徴収法上考えられる徴収方途について、その根拠を示して説明しなさい。なお、土日、祝日等は考慮する必要はない。また徴収手続について説明する必要はない。

［設例］
1 建設業を営む株式会社甲は、平成31年4月20日現在、次の国税を滞納していた。
 (1) 平成29年9月期法人税の確定申告分：300万円
   （法定納期限：平成29年11月30日、確定申告書提出日：平成29年11月30日）
 (2) 平成28年9月期消費税及び地方消費税の修正申告分：500万円
   （法定納期限：平成28年11月30日、修正申告書提出日：平成30年11月30日）
 (3) 平成29年9月期消費税及び地方消費税の修正申告分：1,700万円
   （法定納期限：平成29年11月30日、修正申告書提出日：平成30年11月30日）
 (4) 平成30年9月期消費税及び地方消費税の確定申告分：600万円
   （法定納期限：平成30年11月30日、確定申告書提出日：平成30年11月30日）
2 X税務署の徴収職員は、滞納国税を徴収するため、株式会社甲の財産調査を実施したところ、次の事実が判明した。
 (1) 株式会社甲の発行株式は、全部で100株であり、代表取締役であるAが60株、B（Aの長男）が30株、C（Aの弟）が10株を保有している。
 (2) 株式会社甲は、平成31年3月25日付で解散登記を行っており、清算人には、A及びCが就任している。
3 X税務署の徴収職員は、平成31年4月20日、清算人であるAと面接し、次の事実を把握した。
 (1) 株式会社甲は、平成31年3月15日、株主総会を開催し、同日をもって解散することを決議し、清算人にA及びCを選任した上で、同月25日、その旨の登記を行った。
   なお、Cは、清算人に就任したものの、財産の処分及び分配等には一切関与せず、Aに一任していた。
 (2) 清算人であるAは、次のとおり、株式会社甲の清算手続を行っていた。
  イ 平成31年3月30日、Z銀行に預けていた定期預金500万円を解約し、分配金として、400万円をAの預金口座へ、100万円をBの預金口座へ振り込んだ。
  ロ 平成31年4月2日、建設機械3台（帳簿価額：1,000万円）を、200万円の借入金債務を負っていた株式会社乙に対して譲渡し、債務清算後の400万円を受領し、分配金として、A及びBの預金口座へそれぞれ200万円を振り込んだ。
   なお、株式会社乙は、D（Aの妻）が代表者を務め、Dを判定の基礎として同族会社に該当する会社である。
  ハ 平成31年4月6日、Cに対する貸付金債権100万円について、債権放棄をした。

ニ　平成31年4月13日、取引先である株式会社丙に対する売掛金債権300万円の支払として、現金を受領し、E（Aの長女）の預金口座へ振り込んだ。
　　　なお、Eは、Aと同居しているものの、E自身で生計を維持していると認められた。
4　X税務署の徴収職員は、Aとの面談後、再度調査等を行ったところ、次の事実を把握した。
⑴　株式会社乙に譲渡した建設機械3台の譲渡時の時価は1,500万円であった。なお、株式会社乙は、建設機械3台の譲受のために支払った費用等はなかった。
⑵　株式会社丁に対する未回収の売掛金400万円（平成31年2月分、履行期限：平成31年4月30日。なお、当該売掛金には、譲渡禁止特約は付されていない。）を把握した。
　　ただし、株式会社丁は、平成31年2月28日、株式会社戊から、「登記事項証明書」を添付した債権譲渡契約書を受け取っていた。主な登記事項証明の内容は次のとおりであった。
（譲　　渡　　人）：株式会社甲、　（譲　　受　　人）株式会社戊
（登記原因日付）：平成30年10月25日、（登　記　原　因）：譲渡担保
（債　権　の　総　額）：10,000,000円、（登記年月日時）：平成30年10月28日11時10分
（原　債　権　者）：株式会社甲、　（債　　務　　者）：株式会社丁
（契　約　年　月　日）：平成30年10月25日
（債権の発生年月日（始期））：平成30年11月1日
（債権の発生年月日（終期））：令和3年10月31日
　　（注）上記、債権譲渡契約及び債権譲渡登記は有効なものとする。
⑶　清算手続きにより振り込んだA、B及びEの預金口座は、既に解約済みであった。
⑷　その他、株式会社甲が所有する財産はなかった。

〔第二問〕 －50点－
　次の設例を共通の前提として、下記の問1、問2のそれぞれの事実関係に基づき、各問に答えなさい。
　なお、解答に当たり、延滞税、利息等の額及び土日、休日等を考慮する必要はない。

[設例]
1　卸売業を営む滞納者Eは、譲渡所得に係る所得税（平成29年分）180万円について換価の猶予を申請し、平成30年4月1日から9月30日まで、換価の猶予に基づき、毎月末30万円の分割納付をすることとなった。

2　F税務署長は、換価の猶予に係る所得税について、次の財産に抵当権の設定を受けている。
　　乙土地　：　所有者　G（滞納者Eの親族）
　　　　　　　　評価額　500万円
　　　　　　　　抵当権　第1順位　H銀行、被担保債権額300万円
　　　　　　　　　　　　　　　　　平成29年7月1日登記
　　　　　　　　　　　　第2順位　F税務署長、被担保債権額180万円
　　　　　　　　　　　　　　　　　平成30年4月1日登記

問1　換価の猶予を受けた後、滞納者Eは平成30年6月分まで順調に分割納付を行っていたものの、自身の趣味のために、バイク（評価額150万円）をローンで購入したほか、借金をして等身大のフィギア（評価額50万円）を購入したため、資金不足となり、平成30年7月分の分割納付金額30万円を納付できなかった。
　　この場合において、F税務署長が滞納者Eの所得税を徴収するためにとるべき措置、及びその措置により徴収することができる金額について、理由を付して答えなさい。

問2　換価の猶予を受けた後、滞納者Eは平成30年6月分まで順調に分割納付を行っていたものの、従来から継続して納品していた商品について、突如、取引先の都合により受注が減少し、平成30年7月分以降に調達することができると見込まれる納付資金は、毎月20万円が精一杯の状況となった。
　　このような状況の下、滞納者Eは、平成30年7月分以降は、毎月末20万円を分割納付したいと考えている。
　　この場合において、F税務署長がとるべき措置について、理由を付して答えなさい。

〔第二問〕－50点－

次の設例について、以下の各問に答えなさい。

なお、解答に当たり、延滞税及び遅延損害金の額を考慮する必要はない。

また、解答は答案用紙の指定欄に記載すること。

[設例]

1　個人事業者であったAは、申告所得税（平成27年確定分、法定納期限：平成28年3月15日）1,000万円を滞納している。

2　滞納者Aは、所有する自家用車が故障したため、平成28年9月1日、P株式会社に修理を依頼した。

　　P株式会社が修理中の滞納者Aの自動車をX税務署長が差し押さえ、その後、修理は完了したものの、滞納者Aが修理代金（100万円）を支払わないため、P株式会社が引き続き自動車（評価額：800万円）を占有している。

3　滞納者Aは、平成27年11月1日に、自身の事業用の財産を売却して得た資金をQ株式会社に出資し、相当の対価として同社の株式100株を取得した。

　　Q株式会社は、平成26年12月1日に滞納者Aと長男Bが設立した会社であり、上記の増資（設立後、初めての増資）後の発行済株式総数500株のうち、滞納者Aが150株、長男Bが350株を有している。

　　X税務署長は、滞納者Aの有するQ株式会社の株式100株を差し押さえたものの、非上場株であって、市場性が乏しく、実際に平成28年10月と11月に実施した公売でも、入札はなかった。

　　なお、Q株式会社は、定款において株券を発行する旨の定めはなく、現在の総資産額は8,000万円、総負債額は6,500万円、資本金の額は1,200万円である。

4　滞納者Aは、R国に所在する土地（評価額：400万円）を別荘用地として購入している。

　　なお、R国との租税条約には、徴収の共助に関する規定が設けられている。

5　滞納者Aの財産は、上記2から4までに記載したもの以外はないものとする。

問1　X税務署長が設例の自動車を換価するに当たり、これを占有するための措置を答えなさい。

　　また、その自動車の換価により徴収することができる金額とその理由を設例に即して答えなさい。

問2　設例の自動車に関するものを除き、X税務署長が滞納者Aの国税を徴収するためにとり得る措置（詐害行為取消権の行使を除く。）とその要件を設例に即して答えなさい。

　　また、その措置により徴収することができる金額とその理由を設例に即して答えなさい。

ネットスクール

令和7年度 税理士試験
国税徴収法 ラストスパート模試

〈第1予想〉

◆難易度、時間配分及びボーダーラインの目安

	難易度	時間配分	ボーダーライン
第一問	★★★☆☆	70分	35点
第二問	★★★★☆	50分	30点

第1予想（解答・解説編）

◆出題のポイント

・第一問
　問1：留置権は優先の根拠を各自考えて解答しなければなりません。また公売実施の適正化については条文の規定通りの記述をすることになります。
　問2：納税者以外の納付にはいくつかの規定がありこれを記述します。また徴収の猶予は解答に苦慮する出題ですが、何を記述するか検討してください。
　問3：質権の優先権行使の否認に関する配当計算と国税の担保と一般的な抵当権の優劣に関する配当に関する出題です。いずれも基本的な内容の出題です。

・第二問
　　納税者の過年度の申告所得税に脱税による強制捜査が行われることにより、この納税者が納付をしなければならない複数の国税をどのように保全するかという事例問題です。
　　問題に提示されている相続税や所得税などすべてが、この保全の対象になります。この保全を具体的にどのような方法で行うべきか、納税義務の成立や納付税額の確定、あるいは法定納期限前後など様々な状況を考慮して解答することになります。

〔第一問〕—65点—
問1（20点）
(1) 留置権優先の根拠（7点）

> 1. 留置権の特徴
>   留置権は他人の財産の占有者が、その財産に関して生じた債権を有するときは、その債権の弁済を受けるまでその財産を留置することができる法定担保物件である。
>   この担保物件は、その財産を留置することを担保の本質としており、質権や抵当権と異なり強制的換価による優先弁済権は認められていない。❶
>   また、留置権は多くの場合、動産等の財産の修理費等に基づき発生する被担保債権であり、修理等によりその財産価値が増加していること、あるいは債権金額が僅少という事情がある。❷
>
> 2. 優先の根拠
>   国税徴収法では、この留置権が存在する財産であっても、滞納者が他に換価が容易であり、第三者の目的になっていない財産で、滞納国税の全額を徴収することができる財産を有しないと認める場合には引渡命令に基づきその差押が認められており、財産の留置という権利を債権者から奪うことになる。❶
>   さらに留置権については、国税や抵当権等の被担保債権に優先して配当してもその金額が僅少であることから各配当金額に大きな影響は与えることはない。❷
>   これらの点を考慮して、留置権を有する権利者には、その留置権により担保されている債権額につき換価代金から優先的な配当を認めている。❶

(2) 公売実施適正化の措置（13点）

> 1. 公売参加者の制限
>   税務署長は、公売への参加、買受代金の納付等を妨げた者、不当に連合した者など、一定の事由に該当すると認められる事実がある者については、その事実があった後2年間、公売の場所に入ることを制限し、若しくはその場所から退場させ、又は入札等をさせないことができる。❷
>   このほか、その事実があった後2年を経過しない者を使用人その他の従業者として使用する者及びこれらの者を入札等の代理人とする者についても、同様とする。❷
>
> 2. 暴力団員等に該当しないこと等の陳述
>   公売財産（不動産に限る。）の入札等をしようとする者（その者が法人である場合には、その代表者）は、税務署長に対し、次のいずれにも該当しない旨を財務省令で定めるところにより陳述しなければ、入札等をすることができない。❶
>   (1) 公売不動産の入札等をしようとする者（その者が法人である場合には、その役員）が暴力団員又は暴力団員でなくなった日から5年を経過しない者であること。❶
>   (2) 自己の計算において当該公売不動産の入札等をさせようとする者（その者が法人である場合には、その役員）が暴力団員等であること。❶

3. 処分の取り消し
　　公売の参加を制限された者の入札等、又はその者を最高価申込者等とする決定については、税務署長は、その入札等がなかったものとし、又はその決定を取り消すことができるものとする。❷

4. 公売保証金の国庫帰属
　　上記3.の取消処分を受けた者が納付した公売保証金があるときは、その公売保証金は国庫に帰属する。❶

5. 入札者等の身分に関する証明の要求
　　税務署長は、上記1.に関し必要があると認めるときは、入札者等の身分に関する証明を求めることができる。❶

6. 最高価申込者等の取消
　　税務署長は公売不動産の最高価申込者等又は自己の計算において最高価申込者等に公売不動産の入札等をさせた者が暴力団員等であると認める場合には、これらを最高価申込者等とする決定を取消すことができる。❷

問2（26点）
(1) 納税者以外の国税の負担について（12点）

1. 納税者又は滞納者以外がその国税を負担する事例
   (1) 担保権の代位目的で行われる第三者納付 ❶
   (2) 保証人からの徴収 ❶
   (3) 第二次納税義務者からの徴収 ❶
   (4) 譲渡担保権者からの徴収 ❶

2. 納付の告知及び納付期限
　　上記(1)の第三者納付以外については、その納付及び徴収しようとする者に対して納付及び徴収しようとする金額、納付の期限（譲渡担保権者は除く。）その他必要な事項を記載した書面により告知が行われる。❷
　　この場合に保証人及び第二次納税義務者に対しての告知は、納付通知書により行われる。また保証人及び第二次納税義務者の納付の期限は、この納付通知書を発する日の翌日から起算して1月を経過する日とされている。❶

3. 納付の督促及びその期限
　　保証人及び第二次納税義務者がその国税を納付通知書に記載された納付の期限までに完納しない場合、税務署長は繰上請求をする場合を除き、これらの者に対して納付催告書によりその納付を督促しなければならない。❶
　　この場合の納付催告書は納税の猶予等の別段の定めがあるものを除き、その納付の期限から50日以内に発するものとする。❶

4. 滞納処分について
 (1) 保証人からの徴収
　　　保証人が督促を受け、その督促に係る国税を納付催告書を発した日から起算して10日を経過した日までに完納せず、その本来の納税者に対して滞納処分を執行してもなお不足があると認められるときは、保証人に対して滞納処分を執行する。❶
 (2) 第二次納税義務者からの徴収
　　　第二次納税義務者が督促を受け、その督促に係る国税をその納付催告書を発した日から起算して10日を経過した日までに完納しないときは、徴収職員は繰上請求をする場合を除き、第二次納税義務者の財産を差押えなければならない。❶
 (3) 譲渡担保権者からの徴収
　　　譲渡担保権者に対して告知書を発した日から10日を経過した日までにその徴収しようとする金額が完納されないときは、徴収職員は譲渡担保権者を第二次納税義務者とみなして、その譲渡担保財産につき滞納処分を執行することができる。❶

(2) 徴収の猶予等 (14点)

1. 事例の状況
　　納税者Aが更正処分を受けて、これに不服があるために不服申立てを行うこと、また一方でこの更正税額の分割納付も検討しており、何らかの緩和規定の適用を受けることにより、個人用あるいは事業用の財産の差押えの回避を希望している状況にある。
　　これについては、まず更正処分が行われた税務署長等に再調査の請求、若しくは国税不服審判所に審査請求をすることができ、これにより徴収の猶予の適用を受けることができる。❷
　　また、もう一方で事業用資金の不足を原因として一時納付が困難であるが、分割納付を行うという納税に関する誠意もあることから「納税の猶予」若しくは「換価の猶予」の申請をすることも考えられる。❷
　　これらのいずれかが適用されることにより、個人用あるいは事業用財産の差押えが猶予されることになる。❶

2. 不服申立て
　　過年度の申告所得税に関する更正処分を受け、その処分に不服がある者は、その処分を行った税務署長に再調査の請求、あるいは国税不服審判所長に対して審査請求をすることができる。❷

3. 不服申立てと国税の徴収との関係
　　国税に関する更正処分に対する不服申立ては、その目的となった処分の効力、処分の執行又は手続の続行を妨げない。これにより不服申立てが行われても、その財産に対する差押が執行されることが考えられる。❶

4. 不服申立による滞納処分執行の停止

(1) 徴収猶予または滞納処分の続行の停止

再調査審理庁または国税不服審判所長は、必要があると認めるときは、その請求人等の申立、若しくは職権で、その目的となった処分に係る国税の全部または一部の徴収を猶予し、若しくは滞納処分の続行を停止することができる。❷

(2) 差押の猶予または解除

再調査審理庁または国税不服審判所長は、その請求人等が担保を提供して、その不服申立の目的となった処分に係る国税につき、滞納処分による差押えをしないこと、または既にされている滞納処分による差押えを解除することを求めた場合において、相当と認めるときは、その差押をせず、若しくはその差押を解除することができる。❷

5. 納税の猶予

税務署長等は、その国税を一時に納付できないことに一定の理由がある場合、その者の申請により、国税の納付を一定期間猶予することができる。この納税の猶予については担保提供あるいは猶予税額の分割納付など一定の条件が必要である。❶

6. 換価の猶予

税務署長は納税者が納税について誠実な意思を有しており、その国税を一時に納付することにより事業の継続を困難にするおそれがあると認められるなどの一定の要件を満たす場合には滞納処分による換価を猶予することができる。❶

問3 (19点)

(1) 質権の優先権行使の否認（11点）

1. 法定納期限等以前に設定された質権の優先

滞納者Nの財産に設定されている甲質権の設定日は令和6年5日8日、また乙根質権の設定日が令和6年8月6日であり、いずれも法定納期限等である令和7年3月15日以前であるために滞納者Nの国税に優先すると考えることができる。❶

ただし、国税に優先するためには所定の証明が必要であり、甲質権はその証明ができなかったために滞納国税には劣後し、乙根質権は証明を行うことができたためにNの国税に優先することになる。❶

2. 質権の優先額の限度

滞納者Nの所得税に優先し、その証明をすることができた乙根質権は差押の通知時の60万円が、国税に優先することになり第1順位で配当される。この金額に続き第2順位で滞納者Nの所得税へ160万円が配当される。❶ これは国税徴収法において、証明をすることができなかったため国税に遅れる甲質権は、国税に優先する乙根質権に対して優先権を行使することはできないと定められているためである。❶

3. 証明ができない甲質権
　証明ができなかった甲質権は滞納者Nの所得税には優先権はない。しかし、民法においては証明の有無いかんに関わらず甲質権が乙根質権に優先権を持つとされている。❶
　これにより換価代金の残額70万円（＝290万円－乙：60万円－所得税：160万円）は、甲質権50万円が乙根質権の差押通知時の60万円を超える金額の30万円（＝90万円－乙：60万円）につき民法の定めるところにより優先権を持つために第3順位で甲質権に50万円が配当されることになる。❶

4. 甲質権と乙根質権の関係
　換価代金の残額20万円（＝290万円－乙：60万円－所得税：160万円－甲：50万円）は証明ができ国税には優先するが、民法の規定により甲質権に劣後する乙根質権へ第4順位で配当されることになる。❶

5. 配当金額
　上記により具体的な配当金額は下記の通りとなる。
　（配当順位及び金額）

第1順位	乙根質権	60万円 ❶
第2順位	A所得税	160万円 ❶
第3順位	甲質権	50万円 ❶
第4順位	乙根質権	20万円 ❶
	計	290万円

(2) 国税の担保と抵当権の優劣（8点）

1. 修正申告に係る法定納期限等
　納税者Aの令和5年度分の確定申告に係る所得税の法定納期限等は令和6年3月15日である。しかし、この納税者Aが令和5年度分の修正申告書を提出した場合の法定納期限等は、その提出日である令和6年8月3日になる。❷

2. 抵当権甲及び乙との関係
　国税の担保となっている土地には甲及び乙の二つの抵当権が設定され、さらに納税の猶予に係る担保として抵当権が設定されている。これらの抵当権の優劣については、予測可能性の理論を根拠として法定納期限等を基準に、その判定が行われることになる。❶これにより甲抵当権はその設定が令和6年6月7日であり修正申告書の提出日である令和6年8月3日以前であることから国税に優先することになる。❶しかし、乙抵当権はその設定が令和6年8月5日であり、法定納期限等である修正申告書の提出日の令和6年8月3日後であるために国税に劣後することになる。❶

3. 配当順位
   上記を考慮すれば換価代金450万円は下記の通り配当されることになる。
   （配当順位及び配当金額）
   第1順位　　甲抵当権　　　　250万円　❶
   第2順位　　猶予所得税　　　130万円　❶
   第3順位　　乙抵当権　　　　 70万円　❶
   　　　　　　計　　　　　　 450万円

〔第二問〕―35点―

1. 事例の状況について
   甲は父である乙の死亡により、父からの財産相続に係る相続税の申告納付の必要がある。❶さらに令和7年1月17日に被相続人が死亡したことによる乙の令和6年分と令和7年分の所得税に関する準確定申告をしなければならない。❶
   また、父乙の相続とは別に、甲自身も令和6年分の確定申告の手続きを進める必要があるが、この作業には未着手である。❶さらに令和5年分の申告所得税については納税の猶予の適用を受けており、これによる担保として保証人が存在する。❶
   重ねて令和4年分の申告所得税につき、逋脱行為を理由として国税通則法に規定する強制捜査が令和7年2月25日に開始されている。これらの事情を総合的に勘案して、上記の各国税をどのような方法により保全、あるいは徴収することができるかを下記により説明する。❶

2. 強制捜査の開始
   国税通則法第132条に定める強制捜査は国税に関する犯則について行われるのものであり、その捜査の理由は国税を不正に免れ、または不正に還付を受けたことによる逋脱行為の事実があったことを原因とする。❷この事実は国税通則法第38条第1項の繰上請求の客観的事実の一つである。これは同項第6号の納税者が偽りその他不正行為により国税を免れようとし、若しくは国税の還付を受け、若しくは受けようとしたと認められるとき、または納税者が国税の滞納処分の執行を免れ、若しくは免れようとしたと認められることに該当する。これにより下記に説明する各種の保全手続きを執ることが考えられる。❷

3. 被相続人乙に係る相続税の繰上保全差押
   被相続人が死亡した日が令和7年1月17日であることから、その相続人甲は相続の開始があったことを知った日の翌日から起算した10月以内である令和7年11月17日までに相続税に係る申告と納付を行わなければならない。❶

ところが令和7年2月25日に国税通則法の強制捜査が行われ、その時点で甲は乙の相続税の申告手続を行っていないため、相続税の納税義務はすでに成立しており法定申告期限前であるという事実から、X税務署長はこの相続税を徴収するために、その確定すると見込まれる相続税の金額のうち、その徴収を確保するため、あらかじめ滞納処分を執行することを要すると認められる金額を繰上保全差押金額として決定して、一定の手続を経た後にその金額を限度として、その財産を直ちに差押えることができる。❸

4. 令和6年度、令和7年度分の準確定申告の所得税の繰上請求

被相続人乙が死亡した日が令和7年1月17日であるため、相続の開始があったことを知った日の翌日から4ヵ月以内である令和7年5月17日までに相続人甲は、令和6年度分と令和7年度分の乙に係る準確定申告をしなければならない。これにより相続人甲は令和7年2月19日にこの準確定申告書を提出している。❶

しかし、その納付が行われる前に国税通則法による強制捜査が、準確定申告に係る申告書の提出された令和7年2月19日後の令和7年2月25日に行われている。これを理由に納付すべき所得税が、その納期限である令和7年5月17日までに完納されないと認められるときは、X税務署長は繰上請求をすることができる。❹

これによりX税務署長は直ちに令和6年度と令和7年度分の税額につき繰上請求を行い、この納期限までにこれらの所得税が完納されないときは、その財産を督促することなく差押えなければならない。❸

5. 甲の令和4年度分申告所得税の保全差押

令和4年度の甲の申告所得税につき、逋脱行為があったことを理由に国税通則法に規定する強制捜査が令和7年2月25日に行われている。これを理由にY税務署長は、その処分に係る所得税の納付すべき確定後では、その徴収を確保することができないと認めるときは、その納付すべき確定前に保全差押金額を決定して、その金額を限度として甲の財産を直ちに差押えることができる。❹

6. 令和5年度所得税に係る納税の猶予の取消、及び保証人からの徴収

甲は令和5年分の申告所得税につき令和7年4月20日まで納税の猶予の適用を受けている。しかし、この猶予期間内である令和7年2月25日に強制捜査が行われたことにより、繰上請求の客観的な事由が発生したことを理由に納税の猶予が取り消されることになる。❸

また、この納税の猶予の適用に際して保証人丙がその納付を保証しているため、納税の猶予の取消が行われた場合には、この保証人丙にその保証をしている甲の所得税を納付させることになる。❷

このためY税務署長は、保証人丙に対して、納期限を納付通知書を発する日の翌日から起算して1月を経過する日とする告知を行わなければならない。また、この告知による納付が行われない場合には、納付催告書による督促、さらに保証人丙の財産の差押えが行われることになる。❷

7. 令和6年度分の申告所得税
　　甲の令和6年分の申告所得税の納税義務は令和6年12月31日に成立している。この申告所得税の法定納期限は令和7年3月15日であるが、令和7年2月25日の強制捜査が行われたことにより、Y税務署長はその確定すると見込まれる所得税の金額のうち徴収を確保するため、あらかじめ滞納処分を執行することを要すると認める金額を繰上保全差押金額として決定して、甲の財産を直ちに差押えることができる。❸

〈解　説〉
〔第一問〕
　問1
　（1）　留置権優先の根拠
　　　留置権は抵当権などの他の担保権とは少々性格が異なります。これは担保の方法が、動産などの財産を留置することであり、また担保をしている債権金額が修理費などに基因しており僅少であるためです。さらに国税徴収法では差押にあたり、留置権が存在する動産であっても引渡命令が可能であるという事情もあります。
　　　このような修繕による財産価値の増加、また債権金額が僅少であること、さらに留置権者への引渡命令の規定があることを考慮して、留置権に優先配当を認めるとしても国税の徴収に大きな影響を与えないなどの理由により国税徴収法第21条では、留置権に優先権を認めています。
　　　国税徴収法の出題では、滞納処分の対象となる財産が不動産を中心としており、動産に関する留置権が取り上げられることは多くありません。ただし、今回は近年の出題に多く見られる規定の理由や趣旨を解答させるという意図により、あえて出題をしています。
　　　今年度の答案練習会の出題でも、何度かこの趣旨や理由を説明しなさいという出題が行われています。これらは根本的に、国税徴収法の本質を理解しているかどうかを問うことを目的とするものです。これまでの学習の知識を基礎にして、その記述をすることになりますが、稚拙な文章にならないよう配慮して答案を作成してください。

　（2）　公売実施適正化の措置
　　　公売実施適正化の措置は国税徴収法第108条に規定されており、令和3年に第5項として暴力団員関係の最高価申込者等の取消の規定が改正により追加されています。
　　　この第108条の規定は、税務署長に公売を適正に実施させるため、これを妨げる行為を排除し、若しくは予防するための処分などの権限を認めたものです。この処分の対象となる行為は第1項において入札等の妨害や談合など具体的なものが6項目にわたり規定されています。ただし、模範解答ではこれらを詳細に列挙することはしていません。これは解答スペースや時間配分なども考慮しなければならないため、一部省略しての解答としています。
　　　また、解答では第108条には規定されていない第99条の2の暴力団に該当しないことの陳述も模範解答としていますが、暴力団員の公売からの排除ということが令和3年の法改正の目的であることを考慮すれば記述が望ましいと考えてください。

第108条には第1項の入札等の参加者の制限から第5項の最高価申込者等の取消までの規定があります。しかし、これらを順次記述することになれば相当の時間を要することになります。今回の第1回の解答量が非常に多いことを考慮すれば、適宜その記述を省略することもやむを得ないと考えて答案作成に臨んでください。

問2

(1) 納税者若しくは滞納者以外がその国税を負担する場合

　本問は問題文を「納付や徴収」ではなく「負担」としています。これをどのように解釈して解答を進めるかがこの問題の題意になります。単純に「納付や徴収」と解釈すれば、解答は第二次納税義務者と保証人だけで構わないでしょう。しかし、「負担」するということであれば、更に譲渡担保権者の物的納税責任や代位目的の第三者納付にまで、その解答の範囲は拡大することになります。

　具体的な解答はこの4項目について問題に指示されている告知や督促、また滞納処分について記述をします。ただし、第三者納付だけは告知や督促、あるいは滞納処分に関する規定はありません。したがって、実際には保証人、第二次納税義務者さらに譲渡担保権者に関する告知および督促、あるいは滞納処分についての記述をしてください。

　これらにつき模範解答では、かなり詳細な内容が示されていますが、配点や制限時間などを考慮すれば、あまり詳細な内容の記述は必要ありません。

　なお、本問の多くの内容は手続規定に関するものです。したがって、書面の名称や日付などを正確に記述する必要があります。受験生の記述ミスが多い起算、経過する日や経過した日などに誤りがないように注意して答案を作成してください。

(2) 納税及び徴収の猶予

　本問は更正処分についての不服申立、またこの不服申立に関する徴収猶予、さらに納税資金不足による納税の猶予等についての出題です。前提として更正処分についての不服であるため、再調査審理庁への再調査、若しくは国税不服審判所へ審査請求をすることが考えられます。ただし、分納による納付を行い、何らかの緩和規定の適用を受けることも視野に入れており、いずれにしても納税者は保有する財産に対する差押を懸念していることが問題の前提になります。

　解答の構成はまず不服申立に関する再調査の請求等について、また、不服申立てが行われても国税通則法第105条に定める通り、その目的となった処分の効力、処分の執行又は手続の続行を妨げないことを記述します。さらに不服申立てが行われた場合の再調査審理庁または国税不服審判長の差押の猶予について説明します。加えて資金不足により一括納付は困難ですが、分割納付の意思もあることを考慮して納税の猶予、若しくは換価の猶予の申請適用を受けることも可能である旨も解答してください。

　2023年の第一問において不服申立てと国税の徴収の関係が、また2024年には納税の猶予が出題されています。しかしながら本年度もこの徴収の猶予に関しては、ある程度の対応ができる知識は必要です。

問 3
(1) 質権の優先行使の否認

　本問では質権の優先額の限度と証明ができない質権の優先権行使の否認について出題をしています。

　国税徴収法第18条では、国税に優先する質権については差押若しくは交付要求に関する通知を受けた金額を限度とするとされています。この時に2つの質権が存在し、一方が証明することできる根質権で、もう一方がこれに優先する質権ですが、その証明をすることができない場合、民法を考慮した順序により配当金額を計算します。これに関しては国税徴収法の基本通達第15条関係38〔例2〕において具体的な事例が示されています。本問はこの基本通達を基礎にして出題をしています。

　解答の組立は最終的な配当金額を含めて模範解答にあるような順序で説明をするのが適切な方法です。一部民法の規定を用いなければなりませんが、これについても解答で「民法の規定により」と明記をしてください。

　本問は配当金額が正解であることは合格答案の最低条件であり、これに配当金額算定の経緯が正しく記述されていることが合格レベルの答案の要件になるでしょう。これを踏まえて各自採点をしてください。

(2) 国税の担保と抵当権の優劣

　本問は納税の猶予の適用により提供された担保財産に2つの抵当権が設定されており、この猶予に係る国税と2つの抵当権の優劣を判定する問題です。

　事例では納税の猶予のための担保財産であることを示すために、納税者の財産に抵当権が設定されています。この国税の担保としての抵当権の設定は令和6年8月10日であり、登記順位だけで考えれば令和6年6月7日に設定された甲抵当権と令和6年8月5日に設定された乙抵当権には劣後することになります。

　しかし、この猶予国税の抵当権と抵当権甲及び乙との優劣の関係は、抵当権の設定順序ではなく、猶予国税の法定納期限等を考慮して判断しなければなりません。これにより猶予国税の法定納期限等は修正申告書の提出日である令和6年8月3日であることから、抵当権甲はその設定が令和6年6月7日であり法定納期限等以前であり猶予国税に優先します。しかし、抵当権乙は設定が令和6年8月5日であることから猶予国税の法定納期限等後であるために、猶予国税に劣後する結果になります。これにより第1順位で抵当権甲、次に猶予国税が配当を受け、最後に抵当権乙が換価代金の残余を受取ることになります。

　本問では予測可能性の理論により、法定納期限等による抵当権との優劣の出題をしています。法定納期限等については、修正申告書の提出日であること以外にも、国税徴収法第15条第1項各号にさまざまな規定があります。これらについて正確に事例問題に対応できるようにしておく必要があるでしょう。

〔第二問〕
　事例では納税者甲に関係する相続税や所得税などが複数挙げられています。さらに国税通則法による強制捜査が行われていますから、この両者の関係を考慮しながら、どのような保全措置を執るべきかを解答することが、本問の題意ということになります。保全の対象と考えられる国税は下記の5項目ですが、適用要件などに照らし合わせながら順次説明をすることになります。

（着目すべき国税）
1. 甲の父である被相続人乙の相続税の申告
2. 同じく被相相続人乙の令和6年度と令和7年度分所得税の準確定申告
3. 強制捜査の対象となった甲の令和4年度分の所得税
4. 納税の猶予を受けている甲の令和5年度分の所得税
5. 甲の令和6年度分の申告所得税

1. 相続税に関する繰上保全差押
　先ず被相続人である甲の父である乙の死亡により、その財産を取得したことにより納税義務は成立することになります。この申告期限は相続開始を知った日の翌日から10月以内である令和7年11月17日ということになります。従って、その日までに相続税の申告納付をしなければなりません。
　しかし、申告前の令和7年2月25日に強制捜査が行われています。これは相続税の納税義務の成立後であり法定申告期限前ということになります。さらに強制捜査自体が不正に国税を免れた逋脱行為があったと考えられることから、繰上請求の場合の客観的事由が発生しています。これにより、この相続税については、国税通則法に規定する繰上保全差押をすることが考えらます。

2. 被相続乙の準確定申告に係る所得税の繰上請求
　相続人甲は令和7年2月19日において被相続人乙の令和6年度分と令和7年度分の準確定申告を行い、納付すべき税額はすでに確定しています。しかし、その納付が行われる前の令和7年2月25日に強制捜査が行われています。これにより納期限前に逋脱行為があったとして国税通則法による繰上請求の手続を執ること可能であり、その納期限を短縮することができます。またこの繰上げた納期限までに、その納付がない場合には、X税務署長は督促をすることなく、その財産を差押えなければなりません。

3. 強制捜査による国税の保全差押
　強制捜査は令和4年度分の所得税について不正に国税を免れたことを理由にして行われています。これにより更正処分により令和4年度分として納付すべき税額の確定後では、その国税の徴収の確保ができないと認められるときは、国税徴収法による保全差押をすることできるはずです。これにより令和4年度分の国税は保全差押について記述することになります。
　本問ではこの強制捜査による過去の国税に関する保全措置は容易に想像ができたと思われます。ただし国税徴収法の保全差押の要件等が正確に記述できているかどうかを確認してください。

4. 納税の猶予の取消

　令和5年度分の申告所得税について令和7年4月20日までの納税の猶予の適用を受けており、これにより保証人丙が納税の保証を行っています。強制捜査が行われることにより、この納税の猶予は取消されることになります。

　これにより保証人丙に対して納付通知書、さらに納付催告書による督促を経て、丙の財産に滞納処分が行われることが考えられます。

5. 納税者甲の令和6年分の国税に関する繰上保全差押

　納税者甲は自身の令和6年度分の確定申告を行っていません。この令和6年度分の所得税の納税義務は令和6年12月31日にすでに成立していますが、法定納期限である令和7年3月15日前である令和7年2月25日に強制捜査が行われたことを理由として、繰上保全差押をすることができるはずです。

6. 概況について

　問題文では納税者甲と父である乙の国税に関する状況が簡単に説明されているだけで、納税義務の成立、納付税額の確定、法定納期限などについては詳細な記述はありません。したがって、まずはこれらの国税の状況を整理して、その状況を正しく把握することが重要です。

　これに強制捜査が行われた日付を考慮して、各国税がどのような要件によって保全することができるかを組立てていくことになります。大きな論点は上記にある通り5項目です。解答の記述前に、この5項目を想定することができたかどうかが本問の出題趣旨ということになります。

······ Memorandum Sheet ······

令和7年度 税理士試験
国税徴収法 ラストスパート模試

<第2予想>

第2予想（解答・解説編）

◆難易度、時間配分及びボーダーラインの目安

	難易度	時間配分	ボーダーライン
第一問	★★★★☆	60分	35点
第二問	★★★★★	60分	30点

◆出題のポイント

・第一問

問1：法定納期限等の意義についての説明と債権差押の効力が利息に及ぶ理由を解答しますが、いずれも立法の背景を説明するという出題になります。

問2：再公売と随意契約による売却の両者をそれぞれ説明し、また質問及び検査、さらに捜索について、それぞれ条文の規定に従った記述をしてください。

問3：譲渡担保に関連する配当金額の算出、また差押換と換価申立が行われた場合の第三者が配当を受ける金額を順次説明する出題です。

・第二問

本年の令和7年から新たに施行されることになった「偽りその他不正の行為により国税を免れた株式会社の役員等の第二次納税義務」に関する出題です。まずはこの成立要件などの正確な記述が求められます。

さらに出題の内容は、簡単な事例ではなく令和6年度の第2問と同様に第二次納税義務が、更なる第二次納税義務に波及するという内容となっています。これらは問題文から同族会社と清算人等に関連することが容易に判断できるので、これらについても正確な記述をしてください。

〔第一問〕 —60点—
問1 (10点)
(1) 法定納期限等の意義（5点）

> 国税の法定納期限は各税法により定められた国税を納付すべき期限である。質権者や抵当権者は、債務者となる納税者が、その国税を納期限において納付しているか否かは、この法定納期限の日をもって判断することができる。これにより質権者や抵当権者は、滞納処分の開始の有無を予想することができる。❶
>
> しかし、質権者や抵当権者がこの法定納期限において、債務者である納税者に滞納処分が開始され得るかどうかを判断できない場合も考えられる。❶これは法定納期限後において納税者に更正や決定処分が行われ、これらの納期限において納付を行うかどうかの判断が出来ないような場合❶、あるいは法定納期限前に、繰上請求が行われたことにより、質権者や抵当権者が滞納国税の存在を知り得ないことも起こりうるためである。❶
>
> そこでこの滞納処分が開始されるか否かの予想を各税法に定める法定納期限とするだけでなく特殊、あるいは例外的な場合にも滞納処分の開始を予想することができる基準日を定めて、これを国税徴収法第15条第1項各号において法定納期限等としている。❶

(2) 債権差押後の利息に対する効果（5点）

> 債権とは特定の者に、ある特定の行為や給付を請求することができる権利を示し、物権が物に対して発生する権利であり、いずれの者に対しても主張することができる権利なのに対して、債権は特定の者に対して発生する権利であり、当事者間でのみ成立する権利を示す。❶
>
> この債権により生ずる法定果実である利息は、目的物の使用の対価として収取される例えば、家賃、地代、小作料等の果実とは異なり、金銭債権から付随的、直接的に生ずる果実であって、その支払いを行うのは差押えを行った債権の第三債務者である。❷
>
> このように債権については金銭による債権の返済及び利息の支払義務を同一の第三債務者がその義務を負っているという事情がある。これにより国税徴収法では債権差押後の利息にもその効力が及ぶとしている。この規定により元物である債権を差押え、利息の取立もしようとする場合は、第三債務者に送付する債権差押通知書に、利息もあわせて国に支払うべき旨を記載すれば差押の効力が及ぶとされている。❷

問2（24点）
(1) 再公売、随意契約（12点）

1. 不動産の換価のための方法
　買受人が買受代金を納付の期限までに納付しない場合には、その売却決定は取り消される。当然ながら再度、この差押財産である不動産を換価する必要があるため公売を実施する必要がある。この方法には改めてもう一度公売を行う再公売がある。また、一方で再公売により入札が成立しないことも考えられるため、これを考慮して随意契約による売却という方法もある。これにより、この再公売と随意契約について説明をすると下記の通りである。❶

2. 再公売
(1) 再公売の実施
　税務署長は最高価申込者が、その買受代金を納付の期限までに、その納付しないことにより売却決定を取り消したときは、改めて再公売を行うことになる。❶
(2) 再公売の手続
　税務署長は再公売を実施する場合において、必要があると認めるときは、見積価額その他の事項を変更することができる。
　なお、再公売が直前の公売期日から10日以内に行われるときは、滞納者等に対する公売の通知及び債権現在額申立書提出の催告をする必要はない。
　また、不動産を再公売する場合には、見積価額を公売の日の前日までに公告する必要がある。❶

3. 随意契約
(1) 随意契約の実施
　税務署長は法令の制限を受ける財産等、取引所の相場のある財産、あるいは買受希望者のない財産として、公売に付しても入札等がない、入札等の価額が見積価額に達しない、また、買受人が買受代金を納付しないために売却決定を取り消したような場合には、差押財産を随意契約により売却することができる。❶
(2) 随意契約の手続
① 見積価額の決定
　差押財産を随意契約で売却する場合は、次の場合を除き、売却財産の見積価額を定めなければならない。
(イ) 最高価額が定められている財産をその価額で売却するとき❶
(ロ) 取引所の相場がある財産をその日の相場で売却するとき❶
　また、買受希望者のない財産を売却するときは、その見積価額は、その直前の公売における見積価額を下回ってはならない。❶

② 売却の通知
　　税務署長は、随意契約により売却をする日の7日前までに、公売の通知に準じて、滞納者その他一定の者に通知書を発しなければならない。❶
　　また、売却財産の売却代金から配当を受けることができる者のうち知れている者に対し、その配当を受けることができる国税等につき、債権現在額申立書をその財産の売却決定をする日の前日までに提出すべき旨の催告をあわせてしなければならない。なお、随意契約による売却が直前の随意契約期日から10日以内に行われるときは適用しない。❶
③ 買受人の通知及び公告
　　財産が不動産等であるときは、買受人の氏名、その価額等を滞納者及び利害関係人のうち知れている者に通知するとともに、これらの事項を公売公告の方法に準じて公告しなければならない。❶
④ 暴力団員等に該当しないことの陳述
　　公売不動産を随意契約により買い受けようとする者（法人である場合は、その代表者）は、税務署長に対し、暴力団員関係者等に該当しない旨を陳述しなければ、買い受けることができない。❶
⑤ 調査の嘱託
　　税務署長は、自己の計算において最高価申込者等に公売不動産を随意契約により買い受けさせようとした者（法人である場合は、その役員）が暴力団員等に該当するか否かについて、必要な調査をその税務署の所在地を管轄する都道府県警察に嘱託しなければならない。ただし、公売不動産の最高価申込者等が暴力団員等に該当しないと認めるべき事情がある場合は、この限りではない。❶

(2) 質問及び検査、及び捜索（12点）

1. 質問及び検査とその相手方
　　徴収職員は、滞納処分のため滞納者の財産を調査する必要があるときは、その必要と認められる範囲内において、次に掲げる者に質問し、その者の財産に関する帳簿書類（電磁的記録を含む。）その他の物件を検査し、又はその物件の提示若しくは提出を求めることができる。❶
(1) 滞納者
(2) 滞納者の財産を占有する第三者及びこれを占有していると認めるに足りる相当の理由がある第三者❶
(3) 滞納者に対し債権若しくは債務があった、若しくはあると認めるに足りる相当の理由がある者又は滞納者から財産を取得したと認めるに足りる相当の理由がある者❶
(4) 滞納者が株主又は出資者である法人

2. 捜　索
　　徴収職員は、滞納処分のため必要があるときは、滞納者の物又は住居その他の場所につき捜索することができる。❶

3. 第三者に捜索ができる場合
　徴収職員は、滞納処分のため必要がある場合には、次のいずれかに該当するときに限り、第三者の物又は住居その他の場所につき捜索することができる。❶
　(1) 滞納者の財産を所持する第三者がその引渡をしないとき。❶
　(2) 滞納者の親族その他の特殊関係者が滞納者の財産を所持すると認めるに足りる相当の理由がある場合において、その引渡をしないとき。❶

4. 身分証明書の提示等
　(1) 身分証明書の提示
　　徴収職員は、上記の質問及び検査、または捜索をするときは、その身分証明書を携帯し、関係者の請求があったときは、これを提示しなければならない。❶
　(2) 徴収職員の権限
　　徴収職員による、質問及び検査、または捜索の権限は、犯罪捜査のために認められたものと解してはならない。❶

5. 捜索の方法
　(1) 金庫、戸などの開扉
　　徴収職員は、捜索に際し必要があるときは、滞納者若しくは第三者に戸若しくは金庫その他の容器の類を開かせ、又は自らこれらを開くため必要な処分をすることができる。❶
　(2) 捜索の立会人
　　徴収職員は、捜索をするときは、次の者を立ち会わせなければならない。
　　① その捜索を受ける滞納者若しくは第三者又はその同居の親族若しくは使用人その他の従業者で相当のわきまえのあるもの❶
　　② 上記①の者が不在であるとき、又は立会に応じないときは、成年に達した者二人以上又は地方公共団体の職員若しくは警察官❶

問3 （26点）
(1) 譲渡後に譲渡担保財産上に設定した抵当権がある場合（12点）

1. 譲渡担保権者の物的納税責任の要件
　次の全ての要件に該当するために、丙税務署長は譲渡担保権財産から納税者Aの国税を徴収することができる。❶
　(1) 納税者Aが令和6年度の所得税を滞納している。❶
　(2) 納税者Aが譲渡した財産で、その譲渡により担保の目的となっている土地がある。❶
　(3) 納税者Aにつき滞納処分を執行してもなお徴収すべき滞納所得税に不足すると認められること。❶
　(4) この譲渡担保の設定が令和7年4月20日であり、滞納所得税の法定納期限等である令和7年3月15日後に行われている。❶

— 19 —

2. 譲渡担保権者に関する手続き
 (1) 譲渡担保権者への告知等
　　丙税務署長は納税者Aの滞納所得税を徴収しようとするときは、譲渡担保権者であるB社に対し、徴収しようとする金額その他の事項を記載した告知書により告知をしなければならない。
　　この場合において、B社の所在地を所轄する税務署長及び納税者Aに対してその旨を通知しなければならない。❶
 (2) 譲渡担保権者に対する滞納処分
　　上記(1)の告知を発した日から10日を経過した日までにその徴収しようとする金額が完納されないときは、丙税務署の徴収職員は、譲渡担保権者B社を第二次納税義務者とみなして、その譲渡担保財産である土地につき滞納処分を執行することができる。❶

3. 換価代金の配当
　換価された譲渡担保財産には、譲渡担保権者B社が甲と乙の2つの抵当権を設定している。この譲渡担保財産には換価が行われており、ここから譲渡担保設定者である滞納者Aの滞納所得税を徴収することになる。ただし、譲渡担保財産上の2つの抵当権が設定されているため、譲渡担保設定者Aの滞納所得税とこれら2つの抵当権の優劣を判定しなければならない。このときにその基準となるのは法定納期限等であり、本事例であれば丙税務署長がB社に対して告知書を発した日である令和7年6月2日が法定納期限等ということになる。❶
　これにより抵当権甲は、その設定が令和7年5月15日であるため譲渡担保設定者Aの国税に優先し、抵当権乙は法定納期限等後の令和7年6月13日の設定であるためAの滞納所得税には劣後することになる。
　これにより配当順位および配当金額が下記の通りとなる。❶
（配当金額の内訳）
　　第1順位　　抵当権甲　　　　70万円　❶
　　第2順位　　滞納所得税　　　120万円　❶
　　第3順位　　抵 当 権 乙　　　 40万円　❶
　　　　　　　　　計　　　　　 230万円

(2) 差押換の請求、換価申立（14点）

1. 第三者の権利の保護
　国税徴収法では滞納者（譲渡担保権者を含む。）の財産を差押えるに当たっては、滞納処分の執行に支障がない限り、その財産につき第三者の権利を害さないように努めなければならないとされている。
　本事例では抵当権の設定されている土地に差押が行われ、その権利を害することになったことにより、第三者の権利を保護するために差押換の請求、及び換価申立が行われることになる。❶

2. 抵当権者からの差押換の請求の要件
　次のすべての要件に該当するときは、その第三者である抵当権者AはX税務署長に対し、その財産の公売公告の日（随意契約による売却をする場合には、その売却の日）までに、その差押換を請求することができる。❶
(1) Aの抵当権の目的となっている土地が差押えられたこと。❶
(2) 滞納者Bが他に換価の容易な財産である土地乙を有していること。❶
(3) 土地乙が他の第三者の権利の目的となっていないものであること。❶
(4) 土地乙により、滞納者Bの滞納所得税の全額を徴収することができること。❶

3. 換価申立の要件
(1) 差押換の請求があった場合の処理
　　X税務署長は、差押換えの請求があった場合において、その請求を相当と認めるときは、その差押換をしなければならないものとし、その請求を相当と認めないときは、その旨を第三者の権利を有する抵当権者Aに通知しなければならない。❷
(2) 換価の申立て
　　X税務署長から差押換の請求が相当でないとの通知を受けた第三者である抵当権者Aは、その通知を受けた日から起算して7日を経過した日までに、差押えるべきことを請求した財産の換価をすべきことを、X税務署長に対して申し立てることができる。これにより抵当権者Aは令和7年8月5日に換価の申立てを行なっている。❷

4. Aが受け取る配当金額
(1) 土地乙の換価代金
　　上記3.により換価処分は、換価申立をした土地乙から行われ換価代金250万円は全額、滞納者Bの所得税300万円にまず配当される。❶
(2) 土地甲の換価代金
　　上記(1)により滞納所得税300万円のうち250万円は土地乙から配当され、その残額50万円は次に換価される土地甲の換価代金450万円から配当されることになる。これにより土地甲の換価代金の残額400万円が抵当権に配当されることになる。
　（配当の内訳）
　　土地乙換価代金 250万円 ──→ 滞納所得税 250万円 ❶
　　土地甲換価代金 450万円 ─┬→ 滞納所得税　50万円 → 300万円 ❶
　　　　　　　　　　　　　　　└→ A抵当権　　400万円 ❶

5. A抵当権者の権利保護
　A抵当権者はその設定されている抵当権が債務者の滞納国税に劣後するために本来であれば滞納国税と抵当権の金額の関係から換価代金はその一部しか受取ることができない状況であった。
　これにより第三者の権利保護規定である差押換の請求、並びに換価申立を行うことにより、土地乙また土地甲が順次換価され配当を400万円受取ることができるようになり、その権利が保護されることになる。

〔第二問〕―40点―

1. 徴収の方途

　本問では不正行為により国税を免れたＡ株式会社が、その役員等にその免れた国税の一部をＢ社を通じて払い戻されている事実があるため国税徴収法第40条の偽りその他不正の行為により国税を免れた株式会社の役員等の第二次納税義務の賦課が可能である。❷

　その後、不正に国税を免れ、また還元を受けた役員甲が、その還元を受けた金銭を全額同族会社Ｄ社への出資の原資とすることにより無財産となっている。これにより偽りその他不正の行為により国税を免れた株式会社の役員等の第二次納税義務を役員甲に賦課することができない状態となっている。このような場合は、更にこの役員甲が全額出資して設立した同族会社Ｄ社に対して国税徴収法第35条の同族会社の第二次納税義務を賦課することが可能と考えられる。❷

　また、同じく不正に国税を免れたＡ社は同族株主に該当するＣ社にもその一部をＢ社を通じて払戻しており、Ｃ社はこの分配金をもって直ちに解散手続を進め、これを株主に分配している。これにより国税徴収法第34条の清算人等の第二次納税義務を賦課することが考えられる。❷

　これらを総合的に勘案して、基本的には偽りその他不正の行為により国税を免れた株式会社の役員等の第二次納税義務を根幹にして、さらに同族会社の第二次納税義務あるいは清算人等の第二次納税義務へとその賦課の範囲を拡大することにより徴収は可能なものと判断することができる。❶

　これによる徴収可能額は下記の通りである。

2. 偽りその他不正の行為により国税を免れた株式会社の役員等の第二次納税義務

　(1) 成立要件

　　同族会社であるＡ社は取引先Ｂ社との架空経費の計上による法人税の更正処分を受け、さらにこのＡ社の特定役員等である株主甲、及びＣ株式会社が、架空経費の支払を行ったＢ社から、その不正に国税を免れた部分の金銭の払戻しを受けており、下記のいずれにも該当することから国税徴収法第40条の偽りその他不正の行為により国税を免れた株式会社の役員等の第二次納税義務が成立する。❷

　　① Ａ株式会社は架空経費の計上による偽りその他不正の行為により法人税を免れた国税を納付していない事実がある。❷

　　② 架空経費の計上による取引先Ｂ社から、その一部の還元がＡ株式会社の役員等に移転している。❷

　　③ すでにＡ株式会社は休眠状態であり、滞納処分を執行できる財産は存在しない。❶

　(2) 第二次納税義務者

　　上記(1)の要件を満たすために、偽りその他不正の行為をしたＡ株式会社の役員(その者を判定の基礎とした場合に支配会社に該当する場合、以下「特定役員等」という。)が第二次納税義務者となる。❷

　　これによりＡ株式会社の代表取締役甲、及びＡ株式会社に出資を行っている同族会社であるＣ株式会社が、第二次納税義務者に該当することになる。❷

(3) 徴収限度額

偽りその他不正の行為により国税を免れた国税の金額は1,200万円であり、上記の役員甲及びC株式会社が還元を受けた金額600万円はこの金額より少ないために、それぞれ移転を受けた甲は450万円、またC株式会社は150万円がそれぞれ徴収限度額になる。❷

3. 同族会社の第二次納税義務
(1) 成立要件

A株式会社の代表取締役甲は、架空経費の計上により取引先B社から移転を受けた450万円全額を原資にして同族会社であるD株式会社を令和6年11月15日に設立している。これにより甲は無財産となっているが、下記のいずれの要件も満たすために、D株式会社に国税徴収法第35条の同族会社の第二次納税義務を賦課することができる。❷

① 滞納者である代表取締役甲は全額出資した同族会社であるD株式会社の株式を所有しており、この株式の取得は更正処分に係る法人税の法定納期限である令和7年5月31日の1年前の日後である令和6年11月15日の設立によるものである。❷

② このD株式会社の株式は、定款の定めにより譲渡に制限がある。❷

③ 代表取締役甲の財産（D社株式を除く。）につき滞納処分を執行してもなお徴収すべき額に不足すると認められる。❶

(2) 第二次納税義務者

上記の要件を満たすために代表取締役甲の滞納国税に関する第二次納税義務者は、その出資が行われたD株式会社になる。❷

(3) 徴収可能額

D株式会社の株主である甲はその保有する株式を限度にして第二次納税義務を負うことになる。ただし、その金額は納付通知書を発するときのD株式会社の資産総額から負債総額を控除した額を、その株式数で除した額を基礎として計算した額を限度とする。従って下記に示す通り徴収可能額は450万円になる。

株式の金額： $\dfrac{50万円＋60万円＋440万円－100万円}{100\%} \times 100\% ＝ 450万円$ ❷

4. 清算人等の第二次納税義務
(1) 成立要件

A株式会社の株主であるC株式会社は、架空経費の計上により取引先B社から移転を受けた150万円をその受領後、令和6年9月1日に解散の決議により従前の代表取締役であった丙を清算人として選任し、出資者である丙と丁にその出資割合により、それぞれ120万円と30万円を分配している。

これにより下記の要件のいずれにも該当するために国税徴収法第34条の清算人等の第二次納税義務を賦課することができる。❷

① 法人であるC株式会社はすでに解散している。❶

② C株式会社は第二次納税義務として課されるべき国税を納付しないで残余財産を株主に分配している。❷

③ C株式会社に滞納処分を執行してもなおその徴収すべき額に不足すると認められる。❶

— 23 —

(2) 第二次納税義務者
　　上記の成立要件により、残余財産の分配をした清算人丙、また、残余財産の分配を受けた株主丁が具体的な第二次納税義務者になる。❶
(3) 徴収限度額
　　上記(2)の各第二次納税義務者の徴収限度額は下記の通りである。
　① 清算人丙…残余財産を分配した価額を限度とするために150万円 ❶
　② 株主丁…残余財産の分配を受けた財産の価額である30万円 ❶

〈解　説〉
〔第一問〕
　問1
　(1) 法定納期限等の意義
　　　滞納国税と差押が行われている財産上の担保権との優劣の関係は、換価代金の配当にあたり重要な意味を持っています。言うまでもなく換価代金が滞納国税と被担保債権の合計額に不足する場合には、その配当順序により換価代金から一部の金額は配当を受けることができません。そこで、国税徴収法では"予測可能性の理論"に基づき法定納期限とは別に、改めて法定納期限等を定めることにより、これら競合する国税と被担保債権の間での優劣を判定する基準日としています。
　　　この法定納期限等は二つの要素により構成され、基本的には各税法に定めるその国税の納期である法定納期限です。また、もう一方は例外的にこの法定納期限の前後に滞納処分が開始されることが予想できるか否かにより更正や決定処分、あるいは繰上請求の納期限なども含めて法定納期限等としています。
　　　このように法定納期限等を定めることにより、債権者が納税者の財産に抵当権を設定するに際して、滞納の事実が発生しているかどうか把握することができます。これにより滞納処分の開始を客観的に予測できることを根拠にして、その国税との優劣の関係を定めています。

　(2) 債権差押後の利息に効力が及ぶ理由
　　　債権を理解する場合には、これを物権と混合してはなりません。これら二つの権利の違いは、物権は物に対して発生する権利であり、第三者のいずれに対しても主張することができる権利であるのに対して、債権は当事者間でのみ成立する権利ということになります。
　　　この債権の中でも、たとえば金銭債権であれば売掛金や貸付金のように債権者が債務者に対して、金銭の返済を請求できる権利であり、また賃料債権であれば不動産などの賃貸に基因して発生する賃料の請求権ということになります。
　　　このように金銭債権は金銭貸借により発生し、同じく金銭の返済により消滅し、賃料債権などとは異なり不動産等の財産の賃貸を基因にして発生するものではなく、対象が金銭の貸借契約により生ずるものです。また、利息である法定果実も金銭での授受が基本であり、債権である元本の返済、及び法定果実である利息の支払いについては、同一の第三債務者が金銭によりこれらを履行することになります。このようなことから債権差押に際しては、元本である債権の差押により、差押後の法定果実である利息にも

その効力が及ぶとされています。
　このような事情により債権については、第三債務者に対して債権の差押えを通知することにより、その利息に効力を及ぼすこととしても、滞納処分上は特に問題はないとされています。

問 2
(1) 買受代金未納による再公売、随意契約
　買受人が買受代金をその納付の期限までに納付しないときには、その売却決定は取り消されます。このときに次順位買受申込者が定められていれば、この者に改めて売却決定を行い、買受代金を納付させることになります。しかし、本問では最高価申込者に売却決定を行い買受代金の納付期限までにその納付がなく、次順位買受申込者の定めもないとの指示があります。これにより解答は再公売、又は随意契約による売却を解答することになります。
　これらは同一差押財産を改めて換価することになりますが、再公売は文字通り改めて公売公告から実施することに対して、随意契約は特定の者に公売財産を売却するという手続になります。この両者は再公売については公開による公共性を重視することに対して、随意契約の方は迅速性や簡便性を主眼にした売却方法であることに大きな相違点があります。
　本問の買受代金が納付されないことによる売却決定の取消の場合には、先行した公売の最高価申込価額が明らかであるため再び公売を行っても最高価申込価額は先行の金額を下回ることが一般的です。再公売の場合には、このような実務的な事情により、見積価額を減額せざるを得ないことになります。一方、随意契約は特定の者に差押財産を売却することになるために従前の見積価額を減額することは、徴収すべき金額の減額に繋がるために、直前の見積価額を減額することはできないとされています。再公売と随意契約による売却の大きな相違点は、この見積価額の取扱いにあります。
　本問では、この見積価額に関する両者の記述が正確にできているかを確認してください。なお、今回の模範解答では、随意契約の売却の要件については詳細な内容は省略しています。しかし受験に際しては、この要件も含めて、独立した問題として正確な記述ができるようにしておきましょう。

(2) 質問及び検査、及び捜索
　徴収職員は滞納処分のために滞納者の財産を調査する必要がある場合には、先ずは滞納者等に対する質問及び検査により、その財産の状況等を把握します。しかし、この質問等に応じないなどの理由により、財産の状況が明らかにならないときは強制捜査として捜索を行うことができます。
　この質問及び検査、若しくは捜索は滞納処分による差押をすべき財産の発見や評価などのために行われる手続です。ただし、これらは滞納者等の財産や住居などについて行われますが、犯罪捜査の目的のためのものではありません。国税徴収法では、この質問及び検査若しくは捜索は、どのようにして行われるのかを明確にするために、その対象者や方法などについての詳細が定められています。
　質問及び検査、又は捜索について全体の記述をすることは多くの時間を要することになります。配点や解答用紙の量を考慮して、理論暗記が完璧

にできているとしても、この問題に多くの時間をかけ過ぎて、これ以降の問題を解く時間が不足することも考えられます。このような時は、解答の途中ですが捜索の方法や出入禁止までの部分の記述に留めて、残りは最後に解答するような戦略も必要です。

いずれにしてもこの質問及び検査、さらに捜索の両者は本年度の出題の可能性の高い理論ですから正確な記述ができるようにしておいてください。

問3

(1) 譲渡担保設定者の国税と譲渡後の抵当権

事例では譲渡担保権者の物的納税責任に関する具体的要件である、納税者が法定納期等後に譲渡担保の設定を行っていること、また納税者が滞納処分を執行することができる財産を有しないという記載が問題文にあることから、国税徴収法第24条の適用により、譲渡担保財産からの滞納者Aの所得税が徴収できると判断することができます。これにより譲渡担保設定者Aの所轄税務署長丙が譲渡担保権者Bに対して告知を行っています。

この譲渡担保財産には譲渡担保権者Bが甲と乙の二つの抵当権を設定しており、譲渡担保設定者Aの滞納所得税と譲渡担保財産上の二つの抵当権の優劣による配当金額を解答することになります。

これら二つの項目の優劣を決定することになるのは、当然ながら法定納期限等です。このときに滞納所得税の法定納期限である令和7年3月15日も法定納期限等と考えることができます。しかし、ここでは国税徴収法第15条第1項第6号に規定する、丙税務署長が告知書を発した令和7年6月2日が法定納期限等になります。

これにより告知書を発した令和7年6月2日以前の令和7年5月15日に設定された甲抵当権は譲渡担保設定者Aの滞納所得税に優先し、令和7年6月13日に設定された乙抵当権は滞納所得税に劣後することになります。

この法定納期限等については、国税徴収法第15条第1項各号に様々なケースによる期日が規定されており本誌でも、そのいくつかを取り上げています。これら法定納期限等について正しい理解をして、事例問題における配当金額の順位について正解が出せるようにしてください。

(2) 差押換の請求、換価申立

① 出題の趣旨

差押換の請求は国税徴収法における第三者の権利保護規定として重要な意義があります。本年度の受験に際しては、その出題の可能性も高く理論全体を正確に記述できなければなりません。今回はこの差押換の請求をそのまま記述させるのではなく、差押換から換価申立を経て第三者の最終的な配当金額を問うという形式で出題をしています。

② 抵当権者の配当金額

差押換の請求をしている抵当権者は、滞納所得税の法定納期限後にその設定をしていますから国税には劣後します。当然ながら差押財産上で滞納所得税と競合すれば抵当権は全額の配当を受けることはできません。

— 26 —

（配当の内訳）
　　土地甲が見積評価額 500 万円で換価されると想定すれば、抵当権は 500 万円設定されていますが、滞納所得税が優先するために、A 抵当権の配当額は 200 万円ということになります。

　　第 1 順位　　　滞納所得税　　　　300 万円
　　第 2 順位　　　抵　当　権　A　　　200 万円
　　　　　　　　　計　　　　　　　　 500 万円

③　差押換の請求後の換価申立
　　上記②により抵当権者 A は所定の要件を満たすとして差押換の請求をしますが、この請求は認められない旨の通知が令和 7 年 7 月 31 日にあります。そこで抵当権者 A は、この通知を受けた日から起算して 7 日を経過した日の前日までである令和 7 年 8 月 5 日に差押換の請求をした土地乙から換価すべきことを X 税務署長に申立ています。

④　換価申立後の配当
　　これにより X 税務署では換価申立をした土地乙から優先して換価を行い、続いて当初差押された土地甲を換価することにより換価代金をそれぞれ配当することになります。
　　土地甲と乙の換価代金は見積評価額より少額になっています。しかし、配当はまず土地乙の換価代金 250 万円全額が滞納所得税へ、さらに土地甲の換価代金 450 万円のうち滞納所得税へ 50 万円（＝ 300 万円－250 万円）、残額 400 万円が抵当権へ配当されることになります。
　　これにより抵当権者 A は差押換の請求、換価申立を行わなかった場合の上記②の 200 万円の配当金額から換価申立を行ったことにより配当金額が 400 万円に増額することになります。この金額の増差額をもって第三者の保護が行われたことになります。

⑤　その他の注意事項
　　差押換の請求は相続人も一定の要件により行うことができます。ただし第三者からの請求ほど重要性はありません。しかし、こちらも差押換の請求として多少の暗記は必要でしょう。

〔第二問〕
　本問は令和7年1月1日から新たに施行されることになった国税徴収法第40条の偽りその他不正の行為により国税を免れた株式会社の役員等の第二次納税義務に関する出題です。ただこれも単純に株式会社の役員等に第二次納税義務を賦課するのではなく、令和6年度の出題に倣い、その第二次納税義務をさらに拡張させて、他の第二次納税義務にも波及させる内容にしています。
　第二次納税義務の規定は、第二次納税義務者がその第二次納税義務を履行しない場合において、その第二次納税義務について更に第二次納税義務の成立要件を満たす第三者がいるときは、その第二次納税義務者を主たる納税者として、改めてその第三者に対し、第二次納税義務を負わせることができるとされています。昨年度の令和6年ではこれを根拠に事業を譲受けた特殊関係者の第二次納税義務を基礎にして、清算人等の第二次納税義務、あるいは無償又は著しい低額の譲受人等の第二次納税義務へとその範囲を拡大させる出題が行われています。
　そこで本問では偽りその他不正の行為により国税を免れた株式会社の役員等の第二次納税義務を各役員等に賦課すること基本としますが、この分配を受けた役員からは徴収が困難な事情があり、この原因が更なる第二次納税義務を賦課することができる要件を満たすとして、同族会社の第二次納税義務あるいは清算人等の第二次納税義務にも関係する事例として出題しています。
　これらの第二次納税義務の根源となるのは、A株式会社がB株式会社と行った架空経費の支払による更正処分の法人税の滞納です。この事実だけではA株式会社の財産に対する滞納処分しか執行することはできません。しかし、本問では、このA株式会社がB株式会社に支払った架空経費の一部がA株式会社の役員等に払戻しされた事実があり、さらにこの払戻しがされた金銭で同族会社の設立、あるいは法人の解散による分配が行われていますから、これらを順次に解答することになります。

1. 架空経費の金銭の移転について
　架空の経費の支払により取引先等に移転された金銭が、本事例のように、取引先であるB社から特定役員等の甲やC社に移転された場合など、形式的には株式会社等以外の第三者から特定役員等に財産が移転されていたとしても、実質的には株式会社等から特定役員等に対する移転であると認められる場合には、特定役員等が移転を受けたものとして代表取締役甲、及びC株式会社が第二次納税義務者に該当することになります。

2. 特定役員等に該当しない甲の配偶者乙と同族会社C社の取扱い
　なお、不正に架空経費の払戻し受けたA株式会社の代表取締役甲の配偶者乙は役員でもなく、その払戻しも受けてはいないために、この規定の適用を受けることはありません。
　また、A株式会社に出資をして同族会社の判定の基礎となっているC株式会社は自然人である役員には該当しません。しかし、第二次納税義務者となる特定役員等は基本通達第40条関係5（注）によれば自然人に限られないとしていることから、法人であるC株式会社も「特定役員等」に該当し得ると解釈して、第二次納税義務者と推定できる点に留意する必要があります。

3. 同族会社の第二次納税義務

　A株式会社の代表取締役甲は、架空経費の計上により取引先B社から移転を受けた450万円全額を原資にして100％持分の同族会社であるD株式会社を設立しています。これにより甲は無財産となっていますが、国税徴収法第35条の同族会社の第二次納税義務の要件を満たすことから、株式会社D社に、甲が負担すべき国税を第二次納税義務として賦課することが可能です。

4. 清算人等の第二次納税義務

　A株式会社の株主であるC株式会社は、架空経費の計上により取引先B社から移転を受けた150万円をその受領後、令和6年9月1日に解散の決議により従前の代表取締役であった丙を清算人として、出資者である丙と丁にその出資割合により、それぞれ120万円と30万円を分配しています。これについては国税徴収法第34条の清算人等の第二次納税義務が、清算人である丙には分配した総額150万円、また分配を受けた丁は分配を受けた30万円を限度に清算人等の第二次納税義務を賦課することができます。

5. 最後に

　この第40条は改正初年度であり、本年度の出題にはまだ早いという印象もあります。しかし、過去の試験あるいは他の税法科目の出題傾向などを考慮すれば、この改正事項が出題される可能性を否定することはできません。このためにも改正のあった第40条については、ある程度の内容は把握し、成立要件などは理解しておく必要があると考えてください。

Memorandum Sheet

令和7年度 税理士試験
国税徴収法 ラストスパート模試

<第3予想>

第3予想(解答・解説編)

◆難易度、時間配分及びボーダーラインの目安

	難易度	時間配分	ボーダーライン
第一問	★★★★☆	60分	30点
第二問	★★★★☆	60分	35点

◆出題のポイント

・第一問

問1： 納税義務確定前の保全措置がいくつ列挙できるかが題意になります。また換価制限は蚕や仕掛品以外の内容の方が重要です

問2： 一般的差押禁止財産だけでなく条件付差押禁止財産ついても解答が必要です。抵当権と質権は登記の有無や優先額の限度について相違があります。

問3： 第18条の権利を害する場合を適切に判断してください。また第二納税義務者の差押財産に係る法定納期限等が理解できているかが論点になります。

・第二問

設問1： 第22条の担保権付財産の譲渡に関する出題です。配当金額の算出が最重要ですが、これを算出する配当金額と仮定配当金額の説明も正しく記述しなければなりません。また交付要求と代位実行は条文の規定だけではなくその理由の説明も必要です。

設問2： 譲渡担保が基本になる問題であり、第26条のぐるぐる回りと第22条を併用して換価代金の配当金額を求めます。ここでは譲渡担保設定者の滞納国税の法定納期限等が計算のためのポイントになります。これを考慮して、配当金額を算出してください。

[第一問] —55点—
問1 (17点)
(1) 国税の納付義務成立前の保全措置(7点)

> 1. 保全差押
>   税務署長は納税義務があると認められる者が不正に国税を免れ、又は国税の還付を受けたことの嫌疑に基づき、国税通則法の規定による差押、記録命令付差押若しくは領置又は刑事訴訟法の規定による押収、領置若しくは逮捕を受けた場合において、その処分に係る国税の納付すべき額の確定後においては、その国税の徴収を確保することができないと認められるときは、その国税の納付すべき額の確定前に、滞納処分を執行することを要する金額を保全差押金額として決定することができ、その金額を限度として、その者の財産を直ちに差押えることができる。❷
>
> 2. 繰上保全差押
>   税務署長は、納税者に繰上請求の事由が生じている場合に、次に掲げる国税(納付すべき税額が確定したものを除く。)で、その確定後においてはその国税の徴収を確保することができないと認められるものがあるときは、その国税の法定申告期限前に、その確定すると見込まれる国税の金額のうち、その徴収を確保するため、あらかじめ滞納処分を執行することを要すると認められる金額を繰上保全差押金額として決定することができ、この金額を限度として、その者の財産を直ちに差押えることができる。❶
>   (1) 納税義務の成立した国税(課税資産の譲渡等に係る消費税を除く)❶
>   (2) 課税期間が経過した課税資産の譲渡等に係る消費税❶
>   (3) 納税義務が成立した課税資産の譲渡等についての中間申告に係る消費税❶
>
> 3. 保全担保
>   税務署長は納税者が消費税等(消費税を除く。)を滞納し、その後その者に課すべきその国税の徴収を確保することができないと認められるときは、その国税の担保として、金額及び期限を指定して、その者に担保の提供を命ずることができる。❶

(2) 換価制限について（10点）
1. 財産の性質上換価が制限される場合
　(1) 果実は成熟した後、蚕は繭となった後でなければ、換価することができない。❶
　(2) 上記の(1)の規定は、生産工程中における仕掛品で、完成品となり、又は一定の生産過程に達するのでなければ、その価値が著しく低くて通常の取引に適しないものについて準用する。❶

2. 第二次納税義務者等からの訴えの提起がある場合
　　第二次納税義務者又は保証人が、第二次納税義務又は保証債務の告知、督促又はこれらに係る国税に関する滞納処分につき訴えを提起したときは、その訴訟の係属する間は、その国税につき滞納処分による財産の換価をすることができない。❶
　　なお、譲渡担保権者がこの告知又は滞納処分につき訴えを提起した場合、仮登記権利者に対する差押の通知（担保仮登記に係るものに限る。）に係る差押につき、仮登記の権利者から訴えの提起があった場合も同様とする。❶

3. 第二次納税義務等の換価順序による場合
　　第二次納税義務者、譲渡担保権者の物的納税責任、又は納税の保証人に係る財産については、本来の納税者の財産が換価に付されるまでの期間は、これらの者の財産は換価されない。❶

4. 不服申立があった場合
　　国税の徴収のため差押えた財産の滞納処分による換価は、その財産の価額が著しく減少するおそれがあるとき、又は不服申立人から別段の申出があるときを除き、その不服申立についての決定又は裁決があるまではすることができない。❶

5. 差押換えに起因する場合
　　税務署長は次に掲げる場合を除き、差押えるべきことの請求があった財産を差押え、かつ換価した後でければ、第三者の権利の目的となっている財産を換価することができない。❶
　(1) その財産が換価の著しく困難なものであること❶
　(2) 第三者の権利の目的となっているものであること❶

6. 納税の猶予等の場合
　　納税の猶予、又は換価の猶予がされた税額について、その猶予されている期間内はその財産の換価をすることはできない。❶

問2 (18点)
(1) 個人事業用財産の差押禁止について(8点)

1. 一般的に差押えが禁止される財産
　技術者、職人、労働者その他の主として自己の知的又は肉体的な労働により職業又は営業に従事する者(自己の労力により農業又は漁業を営む者を除く)のその業務に欠くことができない器具その他の物(商品は除く。)は差押えることができない。❷

2. 条件付きで差押えが禁止される財産
　職業又は事業(農業又は漁業を除く。)の継続に必要な機械、器具その他の備品及び原材料その他たな卸しをすべき資産は、滞納者がその国税の全額を徴収することができる財産で、換価が困難でなく、かつ、第三者の権利の目的となっていないものを提供したときは、滞納者の選択により、差押えをしないものとする。❷

3. 両者の異なる趣旨(理由)
　滞納国税の徴収のためには、金銭化できる財産は積極的に差押を行い、その後に換価すべきである。しかし、最低生活の保障や生業の維持、精神生活などのために欠くことができない財産は、滞納処分といえども差押えをすべきではない。これが上記1.の一般的差押禁止財産であり、これは滞納者の職業又は事業従事ための業務に供するために欠くことができない生業に係る財産も含まれ、これらはどのような場合であれ差押が禁止される。❷
　これに対して上記2.の条件付差押禁止財産は、滞納者の職業や事業の継続に必要な財産については、差押を行わないことの代替として、滞納者が換価が容易などの一定の要件を満たす財産の提供があった場合には、事業用財産には差押を執行しないというものであり、差押財産の選択権を一部滞納者に認めている点が両者の相違点である。❷

(2) 質権と抵当権の取扱上の相違点(10点)

1. 概　要
　質権と抵当権はいずれも民法で定められた担保物件であり、国税徴収法第15条、及び第16条により法定納期限等以前に差押財産上に設定された抵当権と質権は国税に優先するされている。❶
　これらは債権者が質権や抵当権を債務者の財産に設定するに際して、債務者に滞納国税が存在すれば将来自らが設定した担保財産に滞納処分が開始されることが予想され得るという「予測可能性の理論」を背景にしている。❶
　質権及び抵当権はいずれも法定納期限等以前に設定されていれば国税に優先するとされているが、下記のような相違点が考えられる。

2. 担保権の存在
　抵当権は債務者等の財産の占有を債権者等に移さずに債権の担保として不動産等に設定され、その設定の順序により債権の弁済を受けることができるという担保権である。この抵当権は登記することを必要とし、これが第三者に対抗するための絶対条件である。したがって国税に優先するためには法定納期限等以前に、抵当権が設定登記されていなければならない。❷

これに対して質権は債権者がその債権の担保として債務者から担保のための目的物を債務の弁済があるまで保管し、これを留置することにより債務の弁済を間接的に強制するものである。この質権は抵当権と異なり一般的には登記をすることができない動産等に発生する。また、質権も国税に優先するためには、その設定が滞納国税の法定納期限等以前であることが条件である。このために一定の方法により、その存在を証明しなければならない。❷

3. 登記又は証明の相違
　　抵当権はその目的物である不動産等は第三者に対抗する目的で登記が必要になっており、所有権はもちろん抵当権等の担保権も登記の必要がある。滞納国税との優劣を判断するに際しても、この登記された日付が法定納期限等以前であることが要件になる。❶
　　これに対して質権により担保されている債権は、一部財産を除きその設定方法については特段の定めはない。このために質権者が滞納処分に際して、その財産上に質権が存在することを主張するためには、公正証書などの所定の書類により、その設定が滞納国税の法定納期限等以前であることを証明しなければならない。❶

4. 質権の優先権行使の否認
　　抵当権は設定登記の順序により、登記が早い抵当権が劣後する抵当権に優先権を行使することができる。しかし、質権が国税に優先するためには、所定の方法でその存在を証明しなければならない。❶
　　これにより、滞納国税の法定納期限等以前に存在する質権であっても、所定の証明をすることができずに国税に遅れることとなった質権は、後順位の質権者に対して優先権を行使することができないとされている。❶

問3（20点）
(1) 権利を害する場合（10点）

1. 結　論
　　本問では（事例1）が問題で問われている「害するとき」に該当することになる。❷
　　根抵当権は特定の取引について一定範囲に属する不特定の債権を、極度額を限度にして担保する抵当権である。もし根抵当権が法定納期限等以前に設定され、国税に優先することになれば、極度額の範囲内で優先権を持つことになる。❶しかし、極度額以内であっても、差押後に増加した債権額が存在すれば、これについても国税に優先させることは妥当ではない。
　　そこで、国税徴収法では根抵当権により担保される債権は、極度額ではなく差押又は交付要求の通知時の金額を限度として国税に優先させることとしている。ただし、これがその国税に優先する抵当権により担保される他の債権を有する者の権利を害するときは、この限りでないとされており、本問では（事例1）がこの「害するとき」に該当することになる。

2. 国税に優先する他の債権者の権利を害する場合

(1) 第18条本文規定による配当金額

A根抵当権は差押の通知時の債権額 1,000 万円をもって劣後するB抵当権および滞納国税に優先するため下記の金額が配当額と考えられる。

第1順位	A根抵当権（差押通知時の債権額）	1,000 万円
第2順位	B抵当権	2,000 万円 ❶
第3順位	滞納国税	2,500 万円
第4順位	A根抵当権（配当時の残額）	2,000 万円
		7,500 万円

(2) 民法を考量した配当金額

民法ではA根抵当権が極度額の範囲内において劣後するB抵当権に優先するためにA根抵当が、B抵当権が配当を受ける金額を吸上げることになる。❶これによれば配当額は下記の金額になる。

第1順位	A根抵当権（配当時の債権額）	5,000 万円 ❶
第2順位	B抵当権	0 万円
第3順位	滞納国税	2,500 万円
		7,500 万円

(3) B抵当権の権利を害する事例

上記(2)によれば、滞納国税に優先するB抵当権が民法の規定により根抵当権Aにその配当を受けるべき金額を吸上げられることになり、配当を受けることができないことになる。これは根抵当権Aの差押時の債権額を配当額とすることがB抵当権の権利を害していることになる。❶

このような場合、根抵当権には差押叉は交付要求の通知時の債権額でなく、配当時の金額をもって配当が行われることになる。これにより下記(4)が最終的な配当額になる。

(4) 最終的な配当金額

A根抵当権の配当金額を差押の通知時とすることにより国税に優先するB抵当権の権利を害することになるために、具体的な配当額はA根抵当権の配当時の債権金額を基礎にして行われることになる。❶

第1順位	A根抵当権（配当時の債権額）	5,000 万円 ❶
第2順位	B抵当権	2,000 万円 ❶
第3順位	滞納国税	500 万円 ❶
		7,500 万円

(2) 第二次納税義務者の財産上の抵当権と国税の関係（10点）

1. 状況に関して
　国税徴収法第35条により同族会社の第二次納税義務がB株式会社に賦課され、B株式会社がこれを納付しないためにその所有する3筆の土地に滞納処分が検討されている。
　しかし、これらの土地はそれぞれ抵当権の目的となっているため滞納処分における国税との優劣を検討しなければならない。これについては第二次納税義務における法定納期限等を判定の基準日とすることになり、それぞれ以下のような配当金額になることから、土地Gを滞納処分の財産として選択すべきである。❷

2. 第二次納税義務における法定納期限等
　本事例では法定納期限及び納期限が複数示されている。先ずは納税者Aの滞納所得税の法定納期限である令和6年3月15日、さらにもう一点は第二次納税義務者であるB株式会社に納付通知書を発した日である令和6年8月20日の翌日から起算して1月を経過する日である令和6年9月20日も納期限となる。ただし、本来の納税者であるAの所轄税務署甲が第二納税義務者Bへの納付通知書の送付を行う際に、第二次納税義務者B社の所在地を所轄する乙所轄税務署にもその通知が行われ、これが法定納期限等に該当することになる。❷
　これにより第二次納税義務者のB社の財産である土地に抵当権を設定しようとする者は、その設定時にB社がAの第二次納税義務者であることを知り得ることになる。そこで本事例では、この納付通知書を発した日である令和6年8月20日を法定納期限等として、3筆の土地に設定された抵当権X、Y及びZとAの国税との優劣の判定を行うことになる。❶

3. 各抵当権と第二次納税義務の優劣
　上記の法定納期限等を令和6年8月20日とすれば、3筆の土地に設定されている各抵当権と第二次納税義務に係る所得税の関係は次のようになる。
　(1) 土地EとX抵当権
　　土地Eの評価見積額が170万円であり、この土地に設定されている抵当権Xは設定日が令和5年12月7日であり、第二次納税義務に係る国税の法定納期限等である令和6年8月20日以前である。これにより換価代金はX抵当権に優先して160万円が配当され、国税への配当額は10万円になる。❶

　(2) 土地FとY抵当権
　　土地Fの評価見積額が160万円であり、この土地に設定されている抵当権Yは設定日が令和6年7月18日であり、第二次納税義務に係る国税の法定納期限等である令和6年8月20日以前である。これにより換価代金はY抵当権に優先して150万円が配当され国税への配当額は10万円になる。❶

(3) 土地GとZ抵当権

土地Gの評価見積額は150万円であり、この土地に設定されている抵当権Zは設定日が令和6年8月29日であり、第二次納税義務に係る国税の法定納期限等である令和6年8月20日後である。これにより換価代金150万円は第二次納税義務に係る国税に100万円配当され、残額50万円がZ抵当権に配当されることになる。❷

4. 滞納処分の対象とすべき財産

上記3.により土地E及び土地Fからも滞納国税を一部徴収することは可能である。しかし土地Gからは優先して滞納国税100万円を徴収できることから、この土地Gを滞納処分の対象とすべきである。❶

〔第二問〕―45点―
設問1　担保権付財産が譲渡された場合（20点）

問1

1. 担保権付財産が譲渡された場合の国税の徴収

納税者Aは他に国税に充てるべき十分な財産が無い状況で、滞納所得税の法定納期限である令和7年3月15日後の令和7年4月10日に抵当権イを設定した財産を令和7年5月7日にB社に譲渡している。これにより納税者Aの財産につき滞納処分を執行しても、その滞納所得税に不足すると認められる状態になっている。❶

国税徴収法第22条では、このような法定納期限等後に抵当権を設定した財産を譲渡した譲渡人である納税者Aが無財産である場合、その抵当権によって担保される債権者Mが配当を受ける金額のうちから、譲渡人Aの滞納所得税を徴収することができるとしている。この金額は下記により計算することになる。❷

2. 第1次配当金額

抵当権イは令和7年4月10日に設定され、これは譲渡財産である土地が譲渡された令和6年5月7日前であるために財産の譲受人B社の滞納法人税に優先する。❶

第1順位	譲渡前の抵当権イ	2,000万円 ❶
第2順位	譲受人B社法人税	300万円 ❶
第3順位	譲渡後の抵当権ロ	500万円 ❶
	計	2,800万円

3. 第2次配当金額

上記1.により納税者Aの滞納所得税として抵当権者Mから徴収することができる金額は、下記(1)から(2)の金額を控除した額を超えることができない。❶

(1) 抵当権の被担保債権の配当金額

譲渡された財産である土地の換価代金2,800万円から譲渡前に設定された抵当権イの被担保債権が受けるべき金額は2,000万円である。❷

(2) 仮定配当金額
　　譲渡された財産である土地を納税者Ａの財産とみなして、その財産の換価代金につき、譲渡人である納税者Ａの滞納所得税の交付要求があったものとした場合に、抵当権イにより担保されている被担保権者が配当を受けるべき金額は 1,500 万円である。❷
(3) 徴収できる金額
　　上記(1)の配当金額 2,000 万円から(2)の仮定配当金額 1,500 万円を控除した金額は 500 万円であり、この金額は滞納者Ａの滞納所得税の金額 1,300 万円の金額以下である。これにより、この 500 万円が納税者Ａの滞納所得税として徴収できる金額になる。❸

4. 最終的配当金額
　（配当の内訳）
　　Ａ所得税　　　　　500 万円
　　Ｂ法人税　　　　　300 万円
　　イ抵当権　　　　1,500 万円
　　ロ抵当権　　　　　500 万円
　　　　計　　　　　2,800 万円

問2
　国税徴収法第 82 条の交付要求によれば、執行手続における滞納者と債務者を同一人として行われるべきものである。❶しかし、担保権付財産の譲渡がされた場合の国税を徴収するための交付要求は、執行手続における債務者は譲受人であり、交付要求における債務者は抵当権者である。❶したがって、同法第 22 条第 5 項の規定を設けることにより、執行手続における債務者を異にしても抵当権者が配当を受けるべき金額のうちから設定者Ａの滞納所得税を徴収することができることになる。❶

問3
　抵当権者が被担保債権の弁済期限が到来したにもかかわらず、自らの抵当権の実行をしない場合、Ａの住所を所轄する甲税務署長は、その抵当権者に代位して、民事執行法の規定により抵当権を実行することができる。❷

設問2　譲渡前に譲渡担保財産に抵当権等がある場合（25 点）
1. 事例の判断
　設問2の事例では、滞納者ＡからＢ社への土地の譲渡が譲渡担保となっているため国税徴収法第 24 条の譲渡担保権者の物的納税責任の規定を用いて納税者Ａの滞納所得税の徴収金額を計算することになる。❶
　このとき財産の譲受人であるＢ社が法人税の滞納をしていること、さらに譲渡前後に抵当権が設定されており、二つの国税と抵当権が競合するぐるぐる回りの状態になっている。これにより第 1 次配当として、まず国税徴収法第 26 条により、各配当金額を計算することになる❶。次に納税者Ａの不足分の国税を徴収するため、第 2 次配当として同法第 22 条の担保権付財産が譲渡された場合の国税の徴収に関する規定を用いることにより、納税者Ａの徴収可能な所得税額を計算することになる。❶

2. 第1次配当金額
(1) 国税及び地方税と私債権の競合
　　強制換価手続において国税が他の国税、地方税又は公課（「地方税等」という。）及びその他の債権（「私債権」という。）と競合する場合において、国税徴収法等の規定により、国税が地方税等に先だち、私債権がその地方税等におくれ、かつ、その国税に先だつとき、又は国税が地方税等におくれ、私債権がその地方税等に先立ち、かつ、その国税におくれるときは、換価代金の配当については、次に定めるところによる。❶

(2) 優先順位の確定している債権等の先取り
　　換価代金からは直接の滞納処分費や不動産保存の先取特権等によって担保される債権へは優先的な配当が行われるが、本事例ではこれらの発生はない。❶

(3) 租税公課グループ及び私債権グループへの配当
　　国税及び地方税等並びに私債権（上記(2)の適用を受けるものを除く。）につき、法定納期限等又は設定、登記、譲渡若しくは成立の時期の古いものからそれぞれ順次に国税徴収法又は地方税法その他の法律の規定を適用して国税及び地方税等並びに私債権に充てるべき金額の総額をそれぞれ定める。❷
　　このときに譲渡される前に設定されていた抵当権イは設定日である令和7年4月10日ではなく、譲渡された日である令和7年5月7日を判定の日とし、また譲渡担保設定者Aの所得税の法定納期限等は告知書を発した日である令和7年7月1日をそれぞれ基準日とする。❷

　　第1順位　令和7年5月7日　　譲　　渡　　抵当権イ　　2,000万円①　❶
　　第2順位　令和7年5月31日　法定納期限等　B社法人税　　300万円②　❶
　　第3順位　令和7年6月9日　　設　　定　　抵当権ロ　　　500万円③　❶
　　第4順位　令和7年7月1日　　告　　知　　A所得税　　　　0万円
　　　　　　　　　　　　　　　　　　　　　　　　計　　2,800万円

　租税公課グループ：②法人税　300万円
　私債権グループ　：①＋③＝2,500万円

(4) 個々の租税公課への配当
　　上記(3)で定めた国税及び地方税等に充てるべき金額の総額300万円を、国税優先の原則若しくは差押先着手による国税の優先等の規定又は地方税法その他の法律のこれらに相当する規定により、順次国税及び地方税等に充てる。❶
　　これにより令和7年7月20日に譲渡担保権者の物的納税責任により差押えを行った譲渡人Aの滞納所得税に300万円が配当される。❶

(5) 個々の担保債権付私債権への配当
　　上記(3)で定めた私債権に充てるべき金額の総額2,500万円を、民法その他の規定により順次私債権に充てる。

　　第1順位　令和7年4月10日　設定登記　　抵当権イ　　2,000万円　❶
　　第2順位　令和7年6月9日　　設定登記　　抵当権ロ　　　500万円　❶
　　　　　　　　　　　　　　　　　　　　　　　計　　2,500万円

3. 第 2 次配当金額
 (1) 担保権付財産が譲渡された場合の国税の徴収
　　本事例では、納税者Ａの滞納所得税の法定納期限等である令和7年3月15日後の令和7年4月10日に抵当権イを設定した財産である土地を令和7年5月7日に譲渡担保としており、これにより納税者Ａは、滞納処分を執行することができる財産を有しない状況となっている。この場合には抵当権者Ｍがその担保されている債権から配当を受けるべき金額のうちから、納税者Ａの滞納所得税を徴収することができる。❶

 (2) 納税者Ａの国税として徴収できる金額
　　上記(1)により徴収することができる金額は下記①から②の金額を控除した額を超えることはできない。❶
　① 配当金額
　　譲渡された財産である土地の換価代金から抵当権イの被担保債権が配当を受けるべき金額は2,000万円である。❶
　② 仮定配当金額
　　譲渡された財産である土地を納税者Ａの財産とみなし、その財産の換価代金につき、譲渡人である納税者Ａの滞納所得税の交付要求があったものとした場合に、担保権者Ｍがその被担保債権につき配当を受けるべき金額は1,500万円である。❶
　③ 徴収できる金額
　　上記①の配当金額2,000万円から、②の仮定配当金額1,500万円を控除した金額500万円であり、この金額はＡの滞納所得税の金額1,300万円を超えていないために500万円が徴収可能な金額になる。❶

4. 納税者Ａの滞納所得税の最終的な徴収可能金額
　　納税者Ａの滞納所得税は第1次配当において300万円、さらに第2次配当において500万円を徴収することができる。これによりその合計額800万円が、Ａの滞納所得税1,300万円に関する最終的な徴収可能金額になる。

5. 最終的配当金額
　（配当の内訳）
　　Ａ所得税　　　　800万円　…300万円＋500万円 ❷
　　抵当権イ　　　1,500万円 ❶
　　抵当権ロ　　　　500万円 ❶
　　　計　　　　　2,800万円

〈解　説〉
〔第一問〕
問1
(1) 納税義務が確定した国税の保全

問題の「国税の納税義務が確定する前」という意味は、保全措置の要件だけを暗記している受験生には判断が難しいと思われます。国税通則法第15条では「国税を納付する義務が成立する場合には、その成立と同時に特別な手続を要しないで納付すべき税額が確定する国税を除き、国税に関する法律の定める手続により、その国税についての納付すべき税額が確定されるものとする。」とされています。この規定の意味は納税義務が成立した場合には申告等による所定の手続により納付すべき額が確定するということを示しています。つまり問題文の「国税の納税義務が確定する」という意味は納税義務の成立、さらに税額の確定を示すと解釈するのが妥当です。これを前提にして保全措置は確定前、あるいは確定後に下記の通り区別されることになります。

① 納税義務の確定前を納税義務成立前、あるいは納付税額の確定前と考える … 繰上保全差押、保全差押、保全担保
② 納税義務の確定後を納税義務成立後、あるいは納付税額の確定後と考える … 繰上請求、繰上差押

これにより本問では上記により繰上保全差押、保全差押さらに保全担保の3つの措置が正解ということになります。先ずは正しい選択ができたかどうかを確認してください。この3つの選択ができれば問題では要件を説明せよとしているので暗記している内容をそのまま記述することになります。ただし、模範解答では暗記している理論の形式とは異なり要件等を区別しないで、連続した文章としています。答案上では必要事項が網羅されていれば本問のような記述方法でも何ら問題はありません。要件の記載漏れがないことを自己採点で確認してください。

(2) 換価の制限について

滞納処分の目的に鑑みれば、差押財産はできるだけ多くの入札者が参加して、高額で売却できる可能性のある財産が理想です。そのように考えれば差押財産は、取引の一般的常識あるいは慣行から換価の対象になる物であることは当然ですが、多くの需要があることも重要です。また財産の状況として、換価にふさわしい状態であることも考慮しなければなりません。

そこで国税徴収法第90条において、未成熟の果実等や生産工程中の仕掛品については一般的な販売状態ではないために、換価財産の対象とすべきではないという換価制限の規定を設けています。

さらに同法では第二次納税義務の賦課や保証人からの徴収などについて訴えの提起があった場合には、第二次納税義務及び保証債務という各税法に定める納税義務の成立により、その納付義務が発生したものではないという特殊性などを考慮して、訴訟が継続する間は、これらの者の財産の換価は制限されています。

同様に譲渡担保権者の物的納税責任に関しても、その処分に対する不服申立てがあった場合には換価制限の規定があります。

また、模範解答では国税徴収法第50条第3項の第三者からの差押換えを容認しなかった場合、あるいは国税通則法第48条第1項、国税徴収法

の納税、若しくは換価の猶予についても猶予期間は換価の制限についても説明があります。しかし、これらは解答しても構いませんが、全体的な時間制限などを考慮すれば記述は省略しても構わないと考えてください。

問 2

（1）差押禁止財産

　国税徴収法は滞納国税の徴収のため、基本的に滞納者のすべての財産を滞納処分の対象としています。しかし、実際には滞納者個人の最低生活の保障、生業の維持さらに精神生活や社会保障制度などの理由から特定の財産については一般の差押禁止財産として滞納処分による差押が禁止されています。

　これにより国税徴収法第75条では、農業、漁業さらに一定の職業に従事する者の生業に欠くことができない財産を具体的に掲げ、これらを一般的差押禁止財産としています。また一方、同法第78条では相当な規模により事業を経営する場合の事業用財産については、他に換価に適する財産の提供があれば、事業用財産には差押をしないという条件付差押禁止財産の規定が設けられています。

　本問では先ず農業、漁業従事者以外の職業又は事業の用に欠くことができない一般的差押禁止財産について、さらにこれらの事業者がある程度の規模によりその事業を営む場合の事業に必要な財産については、条件付差押禁止財産であることの記述を求めました。したがって、一般的差押禁止財産、あるいは条件付差押財産のいずれか片方だけしか解答していないとういう答案は不完全な答案ということになります。

　この一般的差押禁止財産と条件付差押禁止財産の範囲が異なる理由は、滞納者の生業に欠くことができない最低限の財産を一般的差押禁止財産として定め、また一方で、ある程度の事業規模の維持を前提として、滞納者に特定の財産を提供させることを条件にして、本来徴収職員の権限である差押財産の選択権を滞納者に一部認めているという点に相違があります。本問では、この条件付差押禁止財産の規定が、滞納者に差押財産の選択権の一部を容認しているという記述ができているかどうかが解答のポイントになります。

（2）抵当権と質権の取扱上の相違点

　国税徴収法では法定納期限等以前に存在する抵当権と質権は国税に優先するとしています。ただし、これらはその担保の方法が抵当権は登記により、また質権は動産に設定されることが一般的であるために領置という異なる手段により担保の保証がなされることになっています。

　これにより滞納国税に優先するためには、法定納期限等以前に抵当権や質権が存在することを明らかにしなければなりません。このとき抵当権は登記によりその存在を客観的に明らかにすることができます。しかし、登記することができない一般的な質権は、その存在が法定納期限等以前であることを公正証書の提出などにより、その存在を証明しなければなりません。これが本問の題意である相違点です。

　また、もう一点大きな相違点として同一財産上に重複する抵当権、又は質権が設定されている場合のこれらの相互の関係も異なります。

抵当権が同一財産上に存在する場合には、その設定登記の順序により滞納国税の法定納期限等との関係により、その優先順序が決まります。しかし、質権は滞納国税の法定納期限等以前に存在してもその証明が所定の方法で為されないときには、滞納国税に劣後するばかりではなく、法定納期限等以前に存在する優先する質権者に対しても、その優先権を行使することができません。これが本問のもう一点の相違点であり、題意ということになります。解答では特にこの質権の優先権行使の否認についての記述の有無、さらにその記述内容について確認をしてください。

問3
(1) 第18条の権利を害する場合

2024年度の第一問、問3の「ぐるぐる回り」と「担保権付財産の譲渡」が計算問題として出題されたことを考慮すれば、2025年には本問の国税徴収法第18条の「抵当権の優先額の限度」も出題の可能性があります。同条第1項の前段では法定申告期限等以前の質権又は抵当権は、差押または交付要求の通知時の金額を限度に国税に優先することが定められています。しかし後段には、その国税に優先する他の債権を有する者の権利を害するときは、この限りではないとしています。

これについては条文からだけでは内容が明確ではないことから基本通達第18条関係9において国税に優先する根抵当権と抵当権を例にして権利を害する場合と害することに該当しない場合の両者が説明されています。この両者を理解するためには民法における根抵当権と抵当権の根本的な権利関係を理解していることが前提になります。

これは民法における優先する根抵当権が、劣後する抵当権の配当金額を「吸上げる」という概念が、どのような状態を意味するのか、その基本的な知識が必要なためです。この両者の関係が完全に理解されていない場合には基本通達を点検してください。

問題では（事例1）あるいは（事例2）のいずれかを選択して説明せよとしています。これに従い解答の冒頭で（事例1）が正解に該当することを明記してから、具体的な配当計算についての記述をしてください。

（事例2）の資料は権利を害さない場合です。本問では記述の必要はない旨の指示があるために解答の必要はありません。しかし、もし必要があれば下記のような内容を記述することとなります。

（例）　国税に優先する他の債権者の権利を害することに該当しない場合
1. 第18条本文規定による配当金額

C根抵当権は差押の通知時の債権額をもって劣後するD抵当権および滞納国税に優先するため下記の金額が配当額と考えられる。

第1順位	C根抵当権（差押通知時の債権額）	2,000万円
第2順位	D抵当権	1,500万円
第3順位	滞納国税	1,500万円
		5,000万円

2. 民法を考慮した配当金額
　民法ではC根抵当権が極度額の範囲内において劣後するD抵当権に優先するためにD抵当権の配当額はC根抵当権に吸上げられることになり、下記の金額が配当額となる。

第1順位	C根抵当権（配当時の債権額）	3,500万円
第2順位	D抵当権	0万円
第3順位	滞納国税	1,500万円
		5,000万円

3. 害することに該当しない事由
　上記2.の場合には抵当権Dは（事例1）と異なり、配当金額5,000万円と同額のC根抵当権が先順位で存在するため、基本的には配当を受けることはできない。つまりD抵当権はC根抵当権が差押通知時における配当金額の定めにより配当が行われたとしても、その権利を害されたことには該当しないために、上記の金額が最終的な配当金額になる。

(2) 第二次納税義務者の財産上の抵当権と国税の関係
　第二次納税義務者の財産上にある抵当権や質権と第二次納税義務に係る国税の優劣を判定する基準である法定納期限等は国税徴収法15条第1項第11号において「納付通知書を発した日」とされています。したがって、本問では令和6年8月20日がこの法定納期限等になります。これは滞納者の財産に抵当権等を設定する際の予測可能性の理論を根拠とするものです。
　このときに注目しなければならないのは第二次納税義務の具体的な納期限は納付通知書を発した日の翌日から起算して1月を経過する日であり、この納期限を経過しなければ滞納の発生を把握することはできません。しかし、この納期限ではなく、あえて納付通知書を発した日を法定納期限等としています。これは更正や決定に係る国税の法定納期限等と同様に実際の納期限ではなく通知書を発した日として同様の取扱となっています。これらの理由は、具体的な納期限を法定納期限等とすれば、実際の納付までに通知書を発したのち1月間の猶予があることになり、この1ヵ月の期間に設定された抵当権等にまで優先権を認めることは妥当ではないためです。
　第二次納税義務を賦課する税務署長は第二次納税義務者の告知をしたときは、第二次納税義務者の住所又は居所を所轄する税務署長にもその旨を通知します。これによりこの通知後は第二次納税義務者の財産に抵当権を設定しようという場合、抵当権者は第二次納税義務の存在を知り得ることになるので、優先権はないということになります。
　本問では納付通知書を発した令和6年8月20日を法定納期限等として3筆の土地に設定された抵当権との優劣を判定することになります。この結果土地E及びFに設定された抵当権X及びYは国税に優先するため、滞納処分を執行しても、国税はその一部しか徴収することはできません。しかし、土地Gに設定された抵当権Zは、滞納国税に劣後することになり、国税が優先するために滞納国税の全額が徴収可能です。

本問は同族会社の第二次納税義務の内容を配当金額と関連させながら出題をしています。近年の頻繁な第二次納税義務の出題を考慮すると、この同族会社の第二次納税義務は本年令和7年度で最も出題が予想される規定です。本問では、この同族会社の第二次納税義務についての記述は不要です。しかし、本年度の受験にあたり、この成立要件や第二次納税義務の範囲等は正確にマスターしておく必要があると考えてください。

〔第二問〕

本問は国税徴収法第22条による担保権付財産が譲渡された場合、また、譲渡担保財産の譲渡前後に設定された担保権との徴収に関連する出題です。

これにより設問1では第22条の規定を基本とする事例として配当金額を計算し、さらに交付要求の意義や代位実行についての解答を求めています。

また、設問2として不動産が譲渡担保となっている場合に、その譲渡前後に設定された抵当権と滞納国税との関係における配当金額について記述をすることになります。

いずれも一定の計算方法により配当金額を算出しなければならないために難易度が高い出題です。各自、模範解答を参考にして配当金額を正しく求めることができたかを確認してください。

設問1

本問は国税徴収法第22条による担保権付財産が譲渡された場合の国税の徴収に関する出題です。問題によれば第22条の要件を満たしていることは容易に判断できます。冒頭にこの第22条の要件を満たすことを簡単に記述してから配当金額の具体的な計算過程についての説明をしてください。

納税者Aの滞納所得税として徴収することができる金額は、配当金額から仮定配当金額を控除することにより計算することができます。この計算方法を正確に理解していないという場合には、本問でその内容を確認をしてください。

1. 第1次配当

　　ここでの計算は、譲渡前にある抵当権イに最優先で配当が行われ、次に譲受人であるB社の法人税と譲渡後の抵当権ロに順次配当が行われます。

第1順位	譲渡前の抵当権イ	2,000万円
第2順位	譲受人B社の法人税	300万円
第3順位	譲受後の抵当権ロ	500万円
	計	2,800万円

2. 第2次配当
    (1) 配当金額

　　　　譲渡された不動産の換価代金から譲渡前の抵当権イに2,000万円が優先して配当されます。解答の記述には抵当権ロへ500万円、あるいは譲受人Bの法人税へ300万円の記述をしても構いません。しかし、第22条は譲渡人の徴収可能な国税の金額の算出に関する規定であることから抵当権イに配当される2,000万円だけの記述で構いません。

(2) 仮定配当金額

　　譲渡された不動産を納税者Ａの財産とみなし、その財産の換価代金につき、譲渡人Ａの滞納所得税の交付要求があったものとみなした場合に、抵当権イが配当を受けるべき金額を求めることになります。この金額は1,500万円ということになります。
　　ここでも上記(1)と同様に譲渡人の滞納所得税の配当額などの記述は不要です。

(3) 徴収できる金額

　　譲渡人Ａの滞納所得税の徴収可能額は上記(1)配当金額から(2)仮定配当金額を控除した金額ですが、滞納所得税の金額を限度とします。ここでは最後に500万円と1,300万円の判定も忘れずに記述してください。
　　(1)配当金額：2,000万円－(2)仮定配当金：1,500万円
　　＝500万円 ≦ 1,300万円　　　　　　　　　　　　　∴　500万円

3. 最終的配当金額

　本問では配当金額のすべての金額の解答を求めているわけではありません。しかし下記に示す全ての配当金額を記述しても構いません。また、これについての配当順位はありません。

（配当金額）

Ａの滞納所得税	500万円
Ｂの滞納法人税	300万円
譲渡前の抵当権イ	1,500万円
譲渡後の抵当権ロ	500万円
計	2,800万円

4. 交付要求の性質

　問題では、さらに第22条第5項の交付要求に関する規定について第82条の通常の交付要求と異なる理由を求めています。これについては解答に示す通り国税徴収法第82条の交付要求は、執行手続における債務者を同一とする場合に限って行われるべきものです。しかし、担保権付財産から国税を徴収するための交付要求は、執行手続における債務者は譲受人であり、交付要求における債務者は抵当権者です。したがって、この規定を設けることにより、執行手続における債務者を異にしても抵当権者が配当を受けるべき金額のうちから設定者の滞納所得税を徴収することができることになります。

5. 代位実行について

　税務署長は抵当権者に代わって代位実行をすることもできることが同法第22条第3項に規定されています。これは抵当権者等がその被担保債権の弁済期限が到来したにもかかわらず、自らの抵当権等の実行をしない場合、又はその財産につき譲受人の国税の滞納処分その他の強制換価手続が実施されない場合には、設定者の国税を徴収するために、税務署長は抵当権等に代位して抵当権を実行できることを定めていますから、これについて解答することになります。

設問2

　本問は設問1の財産の譲渡を譲渡担保として想定して、納税者Aの滞納所得税の徴収可能金額を算定させる問題です。この設問2では第24条の譲渡担保権者の物的納税責任の規定だけではなく、譲渡前後に抵当権が設定されていることから、ぐるぐる回りの状況が発生しています。このため先ず第26条による規定により各配当金額を求めことになります。

　さらに第22条の担保権付財産が譲渡された場合の国税の徴収の規定を用いて譲渡前の抵当権者が配当を受けるべき金額からも納税者Aの滞納所得税の徴収可能額を求め、これによりAの最終的な徴収可能額を計算することになります。

　解答の手順は第1次配当として第26条のぐるぐる回りによる配当金額を計算します。さらに第2次配当として第22条の担保権付財産が譲渡された場合のAの所得税の徴収金額をそれぞれ計算して、これを合計した金額が納税者Aの徴収可能金額として記述を進めることになります。

1. 第1次配当金額

　先ず第26条のぐるぐる回りの規定により租税公課と私債権への配当金額を計算することになります。

(1) 租税公課、私債権グループの総額の算出

　　ここでは先ず法定納期限等、又は設定、登記、譲渡若しくは成立の古いものからそれぞれ順次に国税徴収法等の法律を適用して租税公課と私債権のグループ総額を求めます。

　　このときに抵当権イは令和7年4月10日の設定日ではなく、譲渡のあった令和7年5月7日を、また、譲渡担保設定者Aの所得税の法定納期限等は告知書を発した日である令和7年7月1日をそれぞれ基準日とすることに注意が必要です。これにより模範解答に示す通り租税公課グループは300万円、私債権グループは2,500万円という金額になります。

(2) 租税公課グループ内での配当額

　　上記(1)の租税公課グループへの配当額300万円は全額が差押先着手により譲渡担保設定者Aの滞納所得税に配当されることになります。

(3) 私債権グループ内での配当

　　抵当権イ、及びロにはその設定日の順序に従い抵当権イには2,000万円が、また抵当権ロには500万円が配当されることになります。

2. 第2次配当金額

　第1次配当金額に続き、次に第22条の担保権付財産の譲渡の規定により、譲渡担保前の抵当権イから譲渡担保設定者の滞納所得税の徴収可能額を求めることになります。

(1) 配当金額

　　譲渡担保設定前の抵当権イは2,000万円の配当を受けることができます。

(2) 仮定配当金額

　　譲渡された不動産を納税者Aの財産とみなし、その財産の換価代金につき、譲渡人Aの滞納所得税の交付要求があったものとみなした場合に、抵当権イが配当を受けるべき金額を求めることになります。この金額は1,500万円（＝換価代金：2,800万円－A所得税：1,300万円）になります。

(3) 徴収できる金額

　　譲渡人Aの滞納所得税の徴収可能額は上記(1)配当金額から(2)仮定配当金額を控除した金額を滞納所得税の金額を限度に徴収することができます。

　　(1)配当金額：2,000万円－(2) 仮定配当金：1,500万円
　　＝ 500万円 ≦ 1,300万円　　　　　　　　　　　　　∴　500万円

3. 最終的配当金額

　　最終的な配当金額は、Aの滞納所得税が上記1.(2)で第26条により求めた300万円、さらに2.(3)で第22条により計算した500万円の合計800万円になります。

　（配当金額の内訳）

Aの滞納所得税	800万円	…1.(2)：300万円＋2.(3)：500万
譲渡前の抵当権イ	1,500万円	…1.(3)：2,000万円－2.(3)：500万
譲渡後の抵当権ロ	500万円	…1.(3)
計	2,800万円	

・・・・・・ Memorandum Sheet ・・・・・・

令和7年度 税理士試験
国税徴収法 ラストスパート模試

〈第4予想〉

第4予想（解答・解説編）

◆難易度、時間配分及びボーダーラインの目安

	難易度	時間配分	ボーダーライン
第一問	★★★★☆	60分	30点
第二問	★★★★★	60分	30点

◆出題のポイント

・第一問

問1：公売保証金は制度の趣旨を問われていますから、その本質をよく考えてください。また罰則規定は条文に従った記述をすることになります。

問2：緩和規定の滞納処分における相違点が問われていますから、差押や交付要求について記述します。担保権の引受は要件の記述が論点になります。

問3：給与の差押禁止額の算出は基本的な内容ですから正解が求められます。また仮登記担保の清算金差押に関する配当は疑問の生ずる余地はありません。

・第二問

平成14年度の第2問に出題された事例問題を基本した出題です。国税に優先する根抵当権の優先限度額は差押又は交付要求の通知時の金額です。本問では、この国税と地方税の間で金額の相違があり、この差額をどのように取扱うのかということが論点になります。解答の計算過程の中で、この三者を比較することによりその優劣を明確に説明することが重要です。これらを含めて配当金額の内訳を確認してください。

〔第一問〕—65点—
問1（17点）
(1) 公売保証金制度の趣旨（5点）

> 公売保証金は落札意思のない者を公売から排除し、また、入札者等が買受人となった場合に、その買受代金の納付を保証させるためのものでありこの納付を条件に買受希望者は買受の申込適格者となることができる。❷
> また、最高価申込者が買受人となり買受代金を納付するときには、公売保証金を買受代金の一部に充当することができるとして、その納付の負担を一部軽減する一方で、買受人が買受代金を納付期限までに納付しないため、その売却決定が取消された場合には、制裁として公売保証金は返還することなく、換価の基因となった滞納国税に充当することになる。❶
> これらを理由にして、公売保証金制度は買受につき誠意のある者のみを入札に参加させることを趣旨としている。❷

(2) 国税徴収法の罰則規定について（12点）

> 1. 滞納処分免脱罪
> 　(1) 納税者の場合
> 　　　納税者が滞納処分の執行又は租税条約等による共助対象国税の徴収を免れる目的でその財産を隠ぺいし、損壊し、国の不利益に処分し、又はその財産に係る負担を偽って増加する行為をし、又はその現状を改変して、その財産の価額を減損し、若しくはその滞納処分に係る滞納処分費、若しくは租税条約等による共助対象国税の徴収の共助の要請による費用を増大させる行為をしたときは、その者は、3年以下の懲役若しくは250万円以下の罰金に処し、又はこれを併科する。❸
> 　(2) 納税者の財産を占有する第三者の場合
> 　　　納税者の財産を占有する第三者が納税者に滞納処分の執行又は租税条約等の共助対象国税の徴収を免れさせる目的で上記(1)の行為をしたときも、また(1)と同様とする。❶
> 　(3) 上記(1)又は(2)の行為の相手方となった第三者の場合
> 　　　情を知って上記(1)又は(2)の行為につき納税者又はその財産を占有する第三者の相手方となった者は、2年以下の懲役若しくは150万円以下の罰金に処し、又はこれを併科する。❶
> 　(4) 在外者への適用
> 　　　上記(1)及び(2)（滞納処分の執行に係る部分を除く。）の罪は、日本国外において、これらの罪を犯した者にも適用する。❶
>
> 2. 検査拒否等の罪
> 　　次のいずれかに該当する場合には、その違反行為をした者は、1年以下の懲役又は50万円以下の罰金に処する。
> 　(1) 質問及び検査の規定による徴収職員の質問に対して答弁をせず、又は偽りの陳述をしたとき。❶
> 　(2) 質問及び検査の規定による検査を拒み、妨げ、又は忌避したとき。❶

(3) 質問及び検査の規定による物件の提示又は提出の要求に対し、正当な理由がなくこれに応じず、又は偽りの記載若しくは記録をした帳簿書類その他の物件を提出し、若しくは提示したとき。❶

3. 両罰規定

　法人の代表者（人格のない社団等の管理人を含む。）又は法人若しくは人の代理人、使用人、その他の従業者が、その法人又は人の業務又は財産に関して、上記1.及び2.の違反行為をしたときは、その行為者を罰するほか、その法人又は人に対して上記1.及び2.により罰金刑を科する。

　人格のない社団等についてこれらの規定の適用がある場合においては、その代表者又は管理人がその訴訟行為につきその人格のない社団等を代表するほか、法人を被告人又は被疑者とする場合の刑事訴訟に関する法律の規定を準用する。❷

4. 虚偽陳述の罰則

　暴力団員等に該当しないこと等の陳述の規定により、陳述すべき事項について虚偽の陳述をした者は、6月以下の懲役又は50万円以下の罰金に処する。❶

問2（24点）
(1) 納税の猶予と換価の猶予（12点）

1. 申請すべき緩和規定

　不況による営業不振により納税資金の準備ができないこと、あるいは納税者が病気という事情があれば国税通則法では第46条第2項の通常の納税の猶予の申請が、また、納税についての誠意があれば国税徴収法では第151条の2の申請による換価の猶予の適用が考えられる。❷

2. 要　件

　国税通則法、又は国税徴収法では緩和規定として、申請によりそれぞれ納税の猶予と換価の猶予の適用を認めている。これらの緩和規定は納税者の事業不振による資金不足や病気を理由とする場合、あるいは納税につき誠意があるにもかかわらず、その事業継続や生活維持を困難にする恐れがある場合に適用を受けることができる。❶

　このうちの納税の猶予は、納期限を一時的に延長してその猶予を行うことを目的とするのに対して、もう一方の換価の猶予は、滞納処分による差押後に換価を猶予するという方法により、それぞれの緩和が行われることになる。すなわち納税の猶予は納期限に関するものであるのに対して、換価の猶予は滞納処分を猶予するというのが両者の相違になる。❶

(1) 納税の猶予

　税務署長等は、納税者が営業不振あるいは病気を理由にその納付すべき国税を一時に納付することができないと認められるときには、納税者からの申請により1年以内の期間に限り、その納税を猶予することができる。❷

(2) 申請による換価の猶予
　　税務署長は、滞納者がその国税を一時に納付することによりその事業の継続又はその生活の維持を困難にするおそれがあると認められる場合において、その者が納税について誠実な意思を有すると認められるときは、その国税の納期限から6月以内にされたその者の申請に基づき、1年以内の期限に限り、その納付すべき国税（納税の猶予の適用を受けている国税を除く。）につき滞納処分による財産の換価を猶予することができる。❷

3. 効　果
　　納税の猶予と換価の猶予は滞納処分の差押や換価手続、および交付要求につき大きな相違点があり、それぞれ下記のように定められている。
　(1) 納税の猶予
　　　① 税務署長等は納税の猶予をした場合には、その猶予期間内は、その猶予に係る金額に相当する国税につき、新たな督促及び滞納処分（交付要求を除く。）をすることができない。❶
　　　② 税務署長等は納税の猶予をした場合には、その猶予に係る国税につき既に滞納処分により差押えた財産があるときは、猶予を受けた者の申請に基づき、その差押を解除することができる。❶
　(2) 申請による換価の猶予
　　　① 税務署長は、換価の猶予をしたときは、その猶予期間内は、その猶予に係る国税につき、差押財産の換価をすることはできないが、新たな差押や参加差押、交付要求はすることができる。❶
　　　② 税務署長は換価の猶予をする場合において、必要があると認めるときは、差押により滞納者の事業の継続又は生活の維持を困難にするおそれがある財産の差押を猶予し、又は解除することができる。❶

(2) 担保権の消滅と引受（12点）

1. 換価代金の配当
　　納税者Aは滞納所得税の法定納期限等である令和7年3月15日の前後にその所有する不動産に甲と乙の2つの抵当権を設定している。この場合に法定納期限等である令和7年3月15日以前の令和6年7月20日に設定された一番抵当権の甲600万円は滞納国税に優先する。しかし、法定納期限等後である令和7年4月17日に設定された二番抵当権の乙500万円は国税に劣後することになる。これを考慮すれば換価代金1,000万円は下記の通り配当されることになり、これは買受人が買受代金を納付したときにいずれも消滅することになる。❶
　（配当金額）
　　第1順位　甲抵当権　　設定登記　　令和6年7月20日　　600万円 ❶
　　第2順位　滞納所得税　法定納期限等　令和7年3月15日　　200万円 ❶
　　第3順位　乙抵当権　　設定登記　　令和7年4月17日　　200万円 ❶
　　　　　　　　　　　　　　　　　　　　計　　　　　　1,000万円

2. 甲抵当権の存続
　　換価財産上の抵当権等の担保権は、その買受人が買受代金を納付した時に消滅する。しかし、税務署長は不動産を換価する場合において、下記のいずれにも該当するときは、その財産上の抵当権等に関する負担を買受人に引受させることができる。❶
　(1)　差押に係る国税がその抵当権等により担保される債権に次いで徴収するものであるとき❶
　(2)　その抵当権等の被担保債権の弁済期限がその財産の売却決定期日から6月以内に到来しないとき❶
　(3)　その抵当権等を有する者から申出があるとき❶

　　本事例では上記(1)及び(2)の条件を満たしており、さらに(3)の抵当権者からの申出があれば抵当権甲を買受人に引受させることができる。❶
　　抵当権等を買受人に引受される場合、換価代金を評価額1,000万円から甲抵当権600万円相当額が控除された400万円と想定すれば、下記のように配当が行われることになる。❶
　（配当金額）
　　第1順位　滞納所得税　法定納期限等　令和7年3月15日　　200万円 ❶
　　第2順位　乙抵当権　　設定登記　　　令和7年4月17日　　200万円 ❶
　　　　　　　　　　　　　　　　　　　　　　　　計　　　　400万円

問3　(24点)
(1)　給料の差押禁止額 (14点)

1. 賞与分
　(1)　賞与の額　　795,000円（千円未満切捨）→　795,000円 ❶
　(2)　租税公課相当額
　　①　源泉所得税　39,541円（千円未満切上）→　40,000円
　　②　社会保険料　113,583円（千円未満切上）→　114,000円
　　③　合　　計　　40,000円 + 114,000円 = 154,000円 ❶
　(3)　最低生活費保障額
　　　100,000円 + 45,000円 × 2名 = 190,000円（千円未満切上）
　　　　　　　　　　　　　　　　　　　→　190,000円 …（イ）❶
　(4)　体面維持費
　　①　{795,000円 −（154,000円 + 190,000円）} × $\frac{20}{100}$ = 90,200円 ❶
　　②　190,000円 × 2 = 380,000円 ❶
　　③　① < ②　∴ 90,200円（千円未満切上）→　91,000円 …（ロ）❶

2. 賞与と7月分給与の合計額
　(1)　給料の合計額　795,000円 + 379,500円 = 1,174,500円
　　　　　　　　　　　　　　　　　（千円未満切捨）→ 1,174,000円 ❶
　(2)　租税公課相当額
　　①　給料分の源泉所得税　4,890円（千円未満切上）→　5,000円
　　②　給料分の特別徴収住民税　22,900円（千円未満切上）→　23,000円

③ 給料分の社会保険料　56,734円（千円未満切上）→　57,000円
④ 賞与分源泉所得税　39,541円（千円未満切上）→　40,000円
⑤ 賞与分社会保険料　113,583円（千円未満切上）→　114,000円
⑥ 控除額合計　5,000円＋23,000円＋57,000円＋40,000円
　　　　　　　＋114,000円＝239,000円…（ハ）❶

(3) 最低生活費保障額　100,000円＋45,000円×2名
　　　　　　　　　　＝190,000円（千円未満切上）
　　　　　　　　　　　　　　　→190,000円…（ニ）

(4) 体面維持費
　① $\{1,174,000円 －(239,000円＋190,000円)\} \times \dfrac{20}{100} = 149,000円$ ❶

　② 190,000円×2＝380,000円
　③ ①＜②　∴　149,000円（千円未満切上）→149,000円…（ホ）❶

3. 7月給料分
(1) 最低生活費保障額　（ニ）190,000円－（イ）190,000円＝0…（ヘ）
(2) 体面維持費　（ホ）149,000円－（ロ）91,000円＝58,000円…（ト）❶

4. 差押禁止額
(ハ)239,000円＋(イ)190,000円＋(ヘ)0＋(ロ)91,000円＋(ト)58,000円
　　　　　　　　　　　　　　　　　　　　　　　＝578,000円 ❸

（注意事項）
　上記解答の算式中に（イ）〜（ト）が記入されていますが、これは算式関係を明らかにするためのものであり、実際の解答には記入の必要はありません。
　また、金額の中には端数処理の必要のないものもありますが、解答上では必ず端数処理に関する記述もしてください。

(2) 仮登記担保の清算金差押と物上代位（10点）

1. 法定納期限等以前に設定された被担保債権の優先
　滞納者Mの滞納所得税の法定納期限等である令和7年3月15日以前の令和6年7月12日に仮登記担保、同じく令和6年9月18日には甲抵当権が設定されており、これら2つの被担保債権はいずれも滞納所得税に優先する。❷

2. 不動産保存の先取特権の優先
　滞納者Mは建物修繕に係る修理代金が未払いであることから、債権者であるQ工務店が不動産保存の先取特権を登記している。この登記は滞納所得税の法定納期限等である令和7年3月15日後の令和7年6月20日に行われている。しかしながら不動産保存の先取特権は、法定納期限等に関係なく、国税や抵当権に優先するため最優先で配当される。❷

3. 清算金債権の差押と物上代位
　　担保のための仮登記がされている納税者Mの財産上に、不動産保存の先取特権、滞納所得税の法定納期限等以前に設定された抵当権が存在する場合には、Mの滞納所得税は、その財産についての清算金に係る換価代金につき、物上代位に規定により権利が行使されたこれらの不動産保存の先取特権、あるいは抵当権により担保される債権に次いで徴収されることになる。❸

4. 換価代金の配当
　　上記により、差押が行われた清算金は下記の順序により配当されることになる。
　（配当金額の内訳）
　　　第1順位　　　不動産保存の先取特権　　　160万円 ❶
　　　第2順位　　　法定納期限等以前の抵当権甲　200万円 ❶
　　　第3順位　　　滞納者Mの所得税　　　　　 440万円 ❶
　　　　　　　　　　　　　　　　　　　　　　　800万円

〔第二問〕 —35点—

1. 法定納期限等以前に設定されていた根抵当権の優先

　納税者Aは令和5年分の申告所得税100万円（法定納期限等：令和6年3月15日）、また、法定納期限等を令和6年7月31日とする地方税60万円も滞納している。これにより所得税についての滞納処分として、甲税務署長がAの所有する不動産に令和6年6月17日付けで差押が、またC市役所の市民税課が令和6年12月10日に参加差押を行なっている。❶

　この不動産には所得税及び地方税の法定納期限等以前である令和6年2月10日付けで権利者Bとして根抵当権（極度額：1,000万円）が設定されている。❶

　これにより滞納となっている所得税及び地方税は、その換価代金につき、根抵当権により担保されている債権に次いで徴収されることになる。❷

2. 優先額の限度と極度額増額登記

　国税に先立つ根抵当権により担保される債権の元本の金額は、その根抵当権者がその国税の差押若しくは地方税の参加差押の通知を受けた時における債権額を限度とする。❸

　なお、この根抵当権は令和6年11月30日付けで極度額を1,000万円から1,250万円とする極度額の増額登記を行っている。このような根抵当権の極度額を増額する付記登記がされた場合には、その登記が行われた時において、その増額した極度額部分は新たな根抵当権が設定されたものとみなす。❷

　この根抵当権250万円相当分の極度額の増額登記は令和6年11月30日に行われ、これは滞納国税の法定納期限等令和6年3月15日、同じく滞納地方税の法定納期限等令和6年7月31日後である。このため、この増額登記分250万円は国税及び地方税には劣後することになる。❷

3. 根抵当権に対する配当額

　本事例の場合は、根抵当権Bに対して差押の通知の行われた令和6年6月20日における債権金額は800万円であり、この金額が滞納所得税に優先すると考えられる。また、その後C市長から滞納地方税に関する参加差押が令和6年12月10日に行われ、この参加差押の通知がC市長から根抵当権者に行われた日の債権金額は1,050万円である。しかし、参加差押の通知時のこの債権額1,050万円は、上記2.の通り当初の極度額1,000万円にしか優先権がない。❸

　この両者を比較すると差押通知時の債権額800万円の方が参加差押通知時の債権額1,000万円より少ないため、根抵当権により担保される債権額へは第1順位で差押通知時の800万円が配当されることになる。❸

4. 差押所得税に係る配当額

　根抵当権は滞納所得税及び地方税に優先し、その優先額は上記の通り差押通知時800万円、あるいは参加差押通知時1,000万円（当初の極度額）の債権額を限度とする。これにより上記3.に示す通り差押通知時と参加差押通知時の債権額の少ない金額の800万円に第1順位で配当が行われたことになる。❶

さらに根抵当権の参加差押通知時の債権額でその配当金額が確定していない200万円（＝1,000万円－800万円）と滞納国税100万円、さらに滞納地方税60万円は次のような関係にある。❶

① 配当金額が確定していない根抵当権200万円は、差押通知時の債権額800万円を超えるために国税には劣後する。❷

② 同じくこの根抵当権200万円は参加差押通知時の債権額1,000万円（当初の極度額）の範囲内であるために地方税には優先する。❷

③ 滞納所得税は差押先着手により参加差押した地方税に優先する。❷

　　これにより①国税は根抵当権の残余200万円に優先し、②この200万円は地方税に優先し、③国税は地方税に優先するという関係になる。これらの関係から差押国税が三者間では最優先すると考えられ、第2順位として滞納所得税に100万円の配当が行われる。❷

5. 参加差押に係る地方税と根抵当権
　　更に根抵当権の配当を受けていない200万円（＝1,000万円－800万円）は、参加差押通知時の根抵当権の債権額1,000万円（当初の極度額）を限度に参加差押地方税に優先するため、根抵当権200万円が地方税に優先することになる。❶

　　これにより第3順位で根抵当権の残額200万円が配当を受けることになる。❶

6. 参加差押に係る地方税の配当額
　　所得税の差押通知時の根抵当権の債権額は800万円であり、地方税の参加差押通知時の根抵当権の金額は1,050万円である。だだし、増額登記した根抵当権250万円（＝1,250万－1,000万円）分は所得税、地方税の法定納期限等後の設定であるため、その優先権はなく、根抵当権1,050万円の内1,000万円だけが所得税及び地方税には優先しない。これにより根抵当権に合計1,000万円（800万円＋200万円）が、また、差押所得税に100万円が配当されることになる。❷

　　この結果最終的に換価代金の残余50万円（＝1,150万円－800万円－200万円－100万円）が滞納地方税に配当されることになる。

7. 配当金額
　　上記により各債権者に対する配当順位と配当額は下記の通りとなる。
　（配当金額の内訳）

　　　第1順位　　　B根抵当権　　　800万円　…差押通知時❶
　　　第2順位　　　滞納所得税　　　100万円　❶
　　　第3順位　　　B根抵当権　　　200万円　…1,000万円－800万円❶
　　　第4順位　　　滞納地方税　　　 50万円　❶
　　　　　　　　　　　　　　　　　1,150万円

〈解　説〉
〔第一問〕
問１
(1)　公売保証金の趣旨

公売保証金制度は、基本的に見積価額の100分の10以上の金額を納付した者だけを入札に参加させるというものです。これにより誠意のない者等を公売から排除し、その混乱を回避することができます。さらに買受人が買受代金を納付期限までに納付しない場合には、この者の納付した公売保証金を返還することなく滞納国税に充当するとして、より確実な公売手続が実施できるように規定されています。

今回は公売保証金の趣旨だけを出題しました。しかし、この公売保証金制度は本問の趣旨を背景に、独立した一題として公売保証金の金額、公売保証金の納付方法、納付の効果、買受代金への充当、さらに返還など10～15点程度の出題も予想されます。今後は、この公売保証金全体を一問の問題として暗記をしてください。

(2)　国税徴収法の罰則規定

罰則規定は国税徴収法の最後の第10章にあり、過去における出題も多くありません。これにより重要性の低い規定の印象があります。しかし、この罰則規定があることにより、滞納処分の執行手続を円滑に実施することができる保障をしているという意義があります。

罰則規定は第187条の滞納処分免脱罪から第190条の両罰規定までの４つの条文で構成されています。今回の出題では罰則規定についてという出題ですから、これらすべてを記述することになります。しかし、出題によっては滞納処分免脱罪や検査拒否等の罪だけの記述を要求されることも考えられます。このような場合には解答内容に注意が必要です。出題範囲外のことを記述しても大きな減点はないものの、タイム・ロスになる危険性があります。

この罰則規定は、かつて2008年度に出題されて以来その出題はありません。さらに2022年には検査拒否罪の一部に法改正が行われています。この点を考慮して、本問も今後の学習課題としてください。

問２
(1)　納税の猶予と換価の猶予

問題文における営業不振と病気を理由として期限内申告を適切に行ったが、資金不足という事情により納付困難という状況から、緩和規定に関する出題であることは容易に判断ができます。さらに国税通則法又は国税徴収法における申請による適用とありますから、納税の猶予と換価の猶予に関する内容をそれぞれ解答することになります。

この２つの制度の大きな違いは、法律解釈で考えれば納税の猶予は納期限の猶予であり、換価の猶予は滞納処分に関する換価を猶予するという点です。ただし、換価の猶予は滞納処分の開始前であっても申請による適用を受けることができます。問題ではこれらについて要件等の比較説明とありますから両者につき、その記述をすることになります。

基本的に納税の猶予は納税者からの申請を要件にしています。また、

旧法では換価の猶予は税務署長の職権による適用が原則でした。しかし、現在は換価の猶予も一定の要件の下に、滞納者からの申請によりその適用が認められています。この申請に関して国税通則法第46条第2項の納税の猶予は特別な定めはありません。しかし、換価の猶予については納期限から6月以内の申請とされていますので、この点を明確に記述しなければなりません。

また要件の中でもう1点の相違として納税の猶予は一時に納付することができないという事情に対して、換価の猶予は納税者が納税について誠実な意思を有すると認められるという要件が付されています。これらを考慮して解答にあたっては、換価の猶予の要件の方に若干ですが詳細な記述が必要です。

さらに両者の滞納処分における効果上の差異については、問題の指示により天然果実、また、延滞税や時効以外とありますから、猶予後の督促や滞納処分における差押や換価に関する可否について記述をすることになります。本問では前述の要件の相違点も重要ですが、この滞納処分における効果上の差異についても、その相違点を明確に記述する必要があります。事例の現況では、いまだ督促や滞納処分の差押や交付要求が行われているわけではありませんが、これら手続の可否についても記述をしてください。

(2) 担保権の引受と消滅

滞納処分においては差押財産上の担保権は基本的に買受人が買受代金を納付した時に消滅します。このときに法定納期限等以前に設定されている一定の被担保債権は国税に優先して配当されることになります。

また、国税に優先する抵当権等は、一定の要件を満たす場合、その負担を買受人に引受させることができます。これは抵当権等を設定した状態のままで換価することもできるということです。これらについては国税徴収法第124条第1項と第2項に担保権の消滅と引受として、それぞれ規定がされています。

本問の解答では、前半において財産上の抵当権が消滅する場合を記述し、後半では買受人に抵当権を引受けさせるという説明をすることになります。この記述にあたっては、後半の抵当権等の引受要件が重要な論点になります。したがって、不動産に引続き抵当権を設定させておくことができる要件を正確に記述する必要があります。

この第124条の規定は、出題の頻度は高くありません。しかし、受験上は換価の効果として重要な意義があります。これにより本問の内容も正確な暗記が必要だということになります。

問3
(1) 給料の差押禁止額

2ヵ所からの給料が支給された場合の差押禁止額については基本通達第76条関係9において、2つの計算方法が例示されています。問題ではこのうちの一方である給与と賞与の合計額から賞与金額の各金額を控除して7月の給与分の該当金額を求める方法を指示しています。この計算方法については解答に示す通りです。

また、もう一方の手取額で最低生活費保障額と対面維持費を按分する方法で差押禁止額を計算すれば下記のようになります。この給与差押禁止額の2つの計算問題は2008年に出題されています。受験にあたって両方の計算方法を確認しておいてください。

(手取額による按分法)
1. 賞与と7月分給与の合計額
　　(1)　給与の合計額　　795,000円＋379,500円＝1,174,500円
　　　　　　　　　　　　　　　　　　　　　　　　　（千円未満切捨）
　　　　　　　　　　　　　　　　　　　　　　　　→　1,174,000円

　　(2)　租税公課相当額
　　　　① 給料分の源泉所得税 4,890円（千円未満切上げ）→ 5,000円
　　　　② 給料分の特別徴収住民税 22,900円（千円未満切上げ）→ 23,000円
　　　　③ 給料分の社会保険料 56,734円（千円未満切上げ）→ 57,000円
　　　　④ 賞与分源泉所得税 39,541円（千円未満切上げ）→ 40,000円
　　　　⑤ 賞与分社会保険料 113,583円（千円未満切上げ）→ 114,000円
　　　　⑥ 控除額合計　　5,000円＋23,000円＋57,000円＋40,000円
　　　　　　　　　　　　＋114,000円＝239,000円…(チ)

　　(3)　最低生活費保障額　　100,000円＋45,000円×2名＝190,000円
　　　　　　　　　　　　　　　　　　　　　　　　　（千円未満切上）
　　　　　　　　　　　　　　　　　　　　　　　　→190,000円

　　(4)　体面維持費
　　　　①　$\{1,174,000円－(239,000円＋190,000円)\}\times\dfrac{20}{100}＝149,000円$

　　　　②　190,000円×2＝380,000円
　　　　③　① ＜ ②　∴　149,000円（千円未満切上）→ 149,000円

2. 給与額から租税公課相当額を控除した額
　　(1)　賞与分　　795,000円－39,541円－113,583円＝641,876円
　　　　　　　　　　　　　　　　　　　　　　　　　（千円未満切上）
　　　　　　　　　　　　　　　　　　　　　　　　→　642,000円
　　(2)　給料分　　379,500円－4,890円－22,900円－56,734円＝294,976円
　　　　　　　　　　　　　　　　　　　　　　　　　（千円未満切上）
　　　　　　　　　　　　　　　　　　　　　　　　→　295,000円

3. 賞与と給与それぞれの最低生活費保障額と体面維持費
　　(1)　賞与最低生活費保障額　$\dfrac{190,000円\times642,000円}{642,000円＋295,000円}≒130,181円$
　　　　　　　　　　　　　　　　　　　　　　　　　（千円未満切上）
　　　　　　　　　　　　　　　　　　　　　　　　→　131,000円…(リ)

　　(2)　賞与体面維持費　$\dfrac{149,000円\times642,000円}{642,000円＋295,000円}≒102,089円$
　　　　　　　　　　　　　　　　　　　　　　　　　（千円未満切上）
　　　　　　　　　　　　　　　　　　　　　　　　→　103,000円…(ヌ)

　　(3)　給料最低生活費保障額　$\dfrac{190,000円\times295,000円}{642,000円＋295,000円}≒59,818円$
　　　　　　　　　　　　　　　　　　　　　　　　　（千円未満切上）
　　　　　　　　　　　　　　　　　　　　　　　　→　60,000円…(ル)

(4) 給料体面維持費　　$\dfrac{149,000円 \times 295,000円}{642,000円 + 295,000円} \fallingdotseq 46,910$ 円

（千円未満切上）

→ 47,000 円 … （ヲ）

4. 差押禁止額

(チ)239,000 円 + (リ)131,000 円 + (ヌ)103,000 円 + (ル)60,000 円

+ (ヲ)47,000 円 = 580,000 円

(2) 仮登記担保の清算金差押と物上代位

　仮登記担保は抵当権などの民法に規定されている担保物件ではなく仮登記担保法という独立した法律により担保として認められているものです。これにより本来の担保権ではありませんが、資金の融通を受ける場合に、債務不履行を停止条件とする代物弁済契約を結び、その契約に基く所有権請求権保全の仮登記をすることにより、債務が弁済されないときには、仮登記に基づく本登記をすることにより、当該財産の所有権が移転することになり債権担保の機能を持つことになります。

　このような特殊な担保ですが、国税徴収法では納税者の財産上に設定された仮登記担保は、抵当権等と同様に取扱うことになります。これにより法定納期限等以前に設定された仮登記担保の優先、譲渡前に設定された仮登記担保の優先なども抵当権等の規定が準用されます。

　しかしながら仮登記担保法には独特の規定があります。これは仮登記担保が設定されている財産が債務不履行により、その所有権が債務者から仮登記担保権者に移転する場合、清算期間と呼ばれる一定の経過期間を設け、この期間を経過した後に、必要があれば仮登記担保権者から債務者に清算金の支払が行われ、この手続きを要件にして仮登記担保権付財産の所有権を債務者から仮登記担保権者へ移転をさせることを認めています。国税徴収法ではこの仮登記権利者からの清算金について、その支払い前であれば清算金に差押をすることができるとしています。

　これにより本問でもこの清算金に差押が行われています。また、この仮登記のされている財産には抵当権と不動産保存の先取特権も設定されています。このような場合には仮登記権利者が支払うことになる清算金について、後順位担保権者の物上代位の行使と国税の滞納処分による差押とが競合した場合には、その両者の優劣の関係は、その清算金の基因となった仮登記担保がある財産上の担保権と国税との優劣の関係をそのまま引継ぐことになります。これにより仮登記担保財産上の後順位担保権者は、債務者が仮登記担保権者から支払を受ける清算金について、その順位により物上代位権を行使することができます。

　本問はこれにより清算金に滞納所得税の差押が行われますが、仮登記のされている財産上に滞納所得税の法定納期限等以前に設定された抵当権、さらに不動産保存の先取特権が存在し、これらにどのような順序で配当を行うかということが題意になっています。

　具体的な配当順位は法定納期限等後に設定された不動産保存の先取特権に最優先で配当が行われ、次に仮登記担保の設定には遅れますが、滞納所得税の法定納期限等以前に設定された甲抵当権に、最後に滞納所得税へそれぞれ配当が行われることになります。

〔第二問〕
　第4回の出題もこれまでの第1回から第3回までと同様に、第一問の問1から問3までの時間配分と、この第二問の答案作成時間を考慮しなければなりません。この第二問では配当金額とその計算過程を示せとしていますから、配当金額が正解であることが合格答案の必須条件になります。当然ながら配当金額はもちろんですが、さらに計算過程をどこまで説明できるかということも合格答案としての重要な条件になります。
　問題の内容は、滞納所得税と根抵当権、さらに地方税という三者で構成され差押と参加差押が交錯している印象があります。しかし、本問はぐるぐる回りの状態ではありません。今回の出題の論点は、国税徴収法第18条の根抵当権の優先額の限度に関する配当額の出題であり、根抵当権の差押通知時と参加差押通知時の債権額の差額である200万円をどのように取扱うのかにあります。
　問題文によりB根抵当権が滞納者Aの所得税や地方税に優先することは明白です。国税に優先する根抵当権であれば、その優先額の限度はそれぞれ国税及び地方税の差押通知時、あるいは参加差押通知時の金額として優先権があります。本問ではこの差押通知時と交付要求通知時の金額を比較すると差押通知時の800万円が一番低い金額になりますから第1順位で根抵当権にこの金額が配当されることになります。さらに根抵当権に次いで第2次順位の滞納所得税に100万円が配当されます。
　問題ではB根抵当権が、滞納国税及び滞納地方税の法定納期限等後にその限度額を1,000万円から1,250万円に増額する付記登記を行っています。しかし、この付記登記の250万円は、滞納所得税及び地方税の法定納期限等後に登記されているために、所得税にも地方税にも優先権はありません。
　これを考慮すれば参加差押通知時の根抵当権1,050万円のうち、増額登記をしていない1,000万円と差押通知時800万円の差額200万円をどのように取扱うかを考えなければなりません。この200万円は滞納所得税の差押通知時の800万円を超えていますから滞納所得税には劣後します。しかし、参加差押の通知時の1,050万円、実質は増額登記前の1,000万円ですが、この金額以下になりますから200万円は地方税には優先することになります。これにより根抵当権200万円は第3順位での配当として取扱われることになります。
　B根抵当権の限度額を1,000万円から1,250万円に増額する付記登記した部分は滞納所得税及び地方税の法定納期限等後に登記されているため、滞納所得税にも地方税にも優先権はありません。したがって、換価代金の残余50万円（換価代金：1,150万円－根抵当権：800万円－滞納所得税：100万円－根抵当権：200万円）については地方税に配当されることになります。解答に際して、この増加登記分250万円の内の50万円（＝1,050万円－1,000万円）をどのように取扱うべきかについても注意が必要です。
　　解答ではまず差押通知時の根抵当権の債権額800万円が最優先することを記述します。次に本問では滞納所得税に100万円が配当されることを解答します。

第1順位	根抵当権の差押通知時	800万円
第2順位	滞納所得税	100万円
残　額		250万円
計		1,150万円

　さらに一番重要な箇所になりますが根抵当権の差押通知時800万円と参加差押通知時の1,050万円のうちの増額登記前の1,000万円との差額200万円が、なぜ第3順位となるかを理論的に、順序立てて記述してください。本問ではこの200万円をどのように取り扱うのかという記述が最重要箇所ということになります。したがって、これを解答の中の4.差押所得税に係る配当額の中で①〜③として説明しています。
　これにより第1順位と第2順位の次に根抵当権が第3順位として200万円が配当されることになります。

第1順位	根抵当権の差押通知時	800万円
第2順位	滞納所得税	100万円
第3順位	根抵当権の残額	200万円
残　額		50万円
計		1,150万円

　最後は第4順位として残額50万円が地方税に配当されることになります。
　難易度の高い問題ですが、模範解答を参考にして配当金額の算定方法を理解しておきましょう。

第1順位	根抵当権の差押通知時	800万円
第2順位	滞納所得税	100万円
第3順位	根抵当権の残額	200万円
第4順位	滞納地方税	50万円
計		1,150万円

・・・・・・ Memorandum Sheet ・・・・・・

令和7年度　税理士試験
国税徴収法　過去問
平成29年度（第67回）

<解答・解説>

第67回（解答・解説編）

◆目標解答時間とボリューム・難易度

	目標解答時間	ボリューム	難易度
第一問	60 分	★★★☆☆	★★☆☆☆
第二問	60 分	★★★☆☆	★★☆☆☆

◆解答作成の戦略

・第一問：問1は納税の猶予の連続適用に関する問題です。災害発生の場合には国税通則法第46条が適用されますが、本問ではどのような関連で第何項の規定が適用されるか解答をしてください。問2は例年にない難問です。事例内容と各規定の要件を照らし合わせて、保全措置として該当する解答がいくつあるか、またその順序を考えてから記述をしてください。本問では解答欄の数も重要なヒントになっています。

・第二問：上記第1問の難易度とは正反対に至って平凡な問題です。第2問で第1問の失点を挽回することができます。出題は自動車修理会社からの滞納者所有の自動車引取り、さらにこれに関する留置権の優先です。もう一問は、同族会社の第二次納税義務であり、これも複雑な内容ではありません。第二問では高得点を狙える答案を作成してくだい。

〔第一問〕 －50点－

問1

> 災害に関する「納税の猶予」については、国税通則法第46条、第1項「納期限未到来の納税の猶予」また第2項「災害等の納税の猶予」の2つの規定が設けられている。
> 本問の納期限前の災害により被害を受けた納税者の申告所得税（確定申告分）に関しては、下記の3つの規定が適用され、最長3年間の猶予が行われる。
>
> 1．納期限未到来の納税の猶予
>   納税者につき納期義務の成立し、納期期限が到来してない時点で震災、風災害、落雷、火災その他これらに類する災害により、その財産に相当な損失を受けた場合、災害のやんだ日から2月以内の納税者の申請により、納期限から最長1年に限り、その納税が猶予される。
>
> 2．災害等による一般の納税の猶予
>   納税者がその財産について、災害、風水害、落雷、火災その他の災害を受け、又は盗難にあった場合で、その事実によりその国税を一時に納付することができない場合に納税者の申請により、上記1．の期限未到来の納税の猶予の適用を受けていないことを条件に1年以内の期間に限り、その納税が猶予される。
>
> 3．災害等の納税の猶予の延長
>   上記2．の災害等の納税の猶予が1年間適用された後、納税者の資力の回復がないと認められる場合には、同一の災害を理由にその猶予期間をさらに1年間延長することができる。
>
> 4．最長とされる猶予期間
>   上記の通り、国税通則法第46条により災害を理由に、第1項により納期限未到来の納税の猶予として1年、また第2項の災害等の納税の猶予として1年、さらに第7項により第2項を再延長して1年間の猶予の適用が考えられ、その結果最長3年間の納税の猶予の適用をうけることが考えられる。

問2

(1)

> イ 差押えの始期：平成28年2月1日
> ロ 差押えの要件：保全差押
>   納税義務があると認められる者が不正に国税を免れたこと、又は国税の還付を受けたことの嫌疑に基づき、国税通則法の規定による差押え、記録命令付差押え若しくは領置、又は刑事訴訟法の規定による押収、領置若しくは逮捕を受けており、その処分に係る国税の納付すべき額の確定後においてはその国税の徴収を確保することができないと認められる場合、税務署長は確保すべき金額を保全差押金額として決定し、その金額を限度にその者の財産を直ちに差押することができる。

ハ　上記イの日付となる理由：
　　平成 27 年 3 月決算分の法人税の確定申告分の国税の納税義務は確定しており、この期間に係る法人税の国税通則法の強制調査を受けている事実がある。この更正処分による税額確定前であるが、確定後にその金額の確保が困難と認められる場合、確保すべき金額をあらかじめ保全差押金額とし、その金額を差押することができる。
　　本事例では平成 28 年 2 月 1 日に国税通則法の強制捜査が執行されているために同日以降であれば、この保全差押をすることが可能である。

(2)

イ　差押えの始期：平成 28 年 10 月 31 日
ロ　差押えの要件：繰上請求による差押
　　税務署長は、納税者が偽りその他不正の行為により国税を免れ、若しくは免れようとし、若しくは国税の還付を受け、若しくは受けようとしたと認められるとき、又は納税者が国税の滞納処分の執行を免れ、若しくは免れようとしたと認められるときには、納付すべき税額の確定した国税で、その納期までに完納されないと認められる金額について、その納期限を繰り上げ、その納付を請求することができる。
　　この場合に、納税者がこの繰り上げた納期限までにその請求に係る国税を納付しないときは、徴収職員は滞納者の財産を直ちに差押なければならない。
ハ　上記イの日付となる理由：
　　問題文中では、X 税務署長が A 株式会社に対して更正通知書を発したのが平成 28 年 10 月 31 日午前 10 時であり、この時点で税額が確定している。
　　またこの国税の更正処分は不正に国税を免れたことによるものであるために、その納期限を 10 月 31 日午前 10 時まで繰上げをすることも理論上は可能である。さらにこの繰上に係る納期限に納付ができないときには、直ちに差押をすることが可能である。

(3)

イ　差押えの始期：平成 28 年 12 月 1 日
ロ　差押えの要件：繰上差押
　　国税の納期限後督促状を発した日から起算して 10 日を経過する日までに、その督促を受けた滞納者について繰上請求をすることができる事実が発生しているときは督促状を発して 10 日を経過する前であっても徴収職員は直ちにその財産を差押することができる。
ハ　上記イの日付となる理由：
　　X 税務署長が行った更正処分に係る納期限は平成 28 年 11 月 30 日である。この納期限にその国税の納付が行われない場合には、督促に基づく差押が平成 28 年 12 月 12 日に行われる。
　　ただし、本事例では、すでに国税通則法による強制調査による更正処分が行なわれていることを鑑みて、本来の期間を短縮することが可能であり。納期限の 11 月 30 日の翌日である 12 月 1 日に督促状の送付と同時に繰上差押をすることができる。

(4)

> イ　差押えの始期：平成28年12月12日
> ロ　差押えの要件：通常の差押処分
> 　国税に滞納がある場合、原則として納期限から50日以内の督促状の送付による督促を前提に、その督促状を発した日から起算して10日を経過した日までに督促に係る国税の納付がない場合、その滞納者の財産を差押えなければならないとされている。
> ハ　上記イの日付となる理由：
> 　本事例では更正処分に係る納期限である11月30日にその国税が納付されない場合、納期限の翌日である12月1日に直ちに督促状を発送し、10日を経過した12月11日までに納付がされない場合、翌日の12月12日に差押をすることになる。

(5)

> ＊　解答用紙では、この(5)の解答欄が用意されていたが、事例内容と問題文における「理論上、滞納処分による差押えをすることができることとなり得た時期」を勘案しても妥当と思われる諸手続きがないと思われ空欄としている。

〔第二問〕　－50点－

問1

> (1)　占有するための措置：
> ①　引渡命令
> 　Ｘ税務署長は、滞納者Ａの自動車を占有している第三者であるＰ株式会社に対して期限を指定してその自動車の引渡を命令することができる。この引渡命令は書面により行われ、その引渡日は、その書面を発する日から起算して7日を経過した日以後の日としなければならない。
> 　ただし、第三者であるＰ株式会社に繰上請求等やむを得ない事由が生じた場合にはこの期間を短縮することができる。
> 　またこの引渡命令がＰ株式会社に対して行われた旨を滞納者Ａに対しても通知しなければならない。
> ②　引渡後の占有
> 　徴収職員はＰ株式会社に対する引渡命令による自動車の引渡しを受けた場合はもちろん、また指定された期限までにその引渡が行われない場合にもその自動車を占有することができる。

(2) 徴収することができる金額： 700万円

理由：

　　滞納者Aが所有する自動車を占有する第三者であるP株式会社から引渡しを受けた後に換価した場合、滞納者Aの申告所得税1,000万円とP株式会社の有する留置権により担保される債権100万円が競合することになる。

　　この場合には国税徴収法の規定により、滞納国税より滞納処分の目的となる財産上の留置権により担保される債権の方が優先する。このために自動車の換価代金（評価額）800万円は、まず留置権により担保される債権に100万円配当され、残額700万円（＝800万円－100万円）が滞納者Aの国税に充てられることになる。

問2

(1) 徴収のための措置とその要件：

① 同族会社の第二次納税義務

　本問の事例によれば、下記の要件を満たすものと考えられるために「同族会社の第二次税義務」の適用によりその徴収が可能である。

イ）滞納者であるAをその判定の基礎として選定した場合に同族会社であるQ株式会社の株式を保有している。

ロ）滞納者Aの所有するQ株式会社の株式につき再度換価に付しても買受人がないこと、あるいは株券の発行がないためにその譲渡につき支障があること。

ハ）滞納者Aが所有する上記イ）の同族会社に該当する株式以外に滞納処分を執行しても、なお徴収すべき財産に不足があると認められること。

② R国との租税条約

　R国との租税条約により、徴収の共助に関する規定が締結されているのでR国所在の別荘用地からも滞納者Aの国税を徴収することができる。

(2) 徴収することができる金額： 700万円

理由：

① 同族会社の第二次納税義務

　滞納申告所得税の法定納期限である平成28年3月15日の1年前の日後である平成27年11月1日にAが取得したQ株式会社の株式の100株の価額を限度にして滞納国税が徴収できる。

　（8,000万円 － 6,500万円）÷ 500株 × 100株 ＝ 300万円

② R国との租税条約

　R国所在の別荘用土地400万円についても徴収が可能である。

③ 徴収することができる金額

　X税務署長は、上記の①の300万円と②の400万円の合計である700万円が徴収可能の金額である。

解　説

〔第一問〕
問1
　第66回と同様の納税の猶予に関する出題でした。記述すべき内容は災害関係の納税の猶予であり国税通則法第64条第1項の納期限未到来の納税の猶予と第2項の災害等の一般の納税の猶予、またこれに関する再延長を問うという基本的な出題であり、難易度はそれほど高くなくほとんどの受験生が最長3年という期間が解答できたと思われます。

問2
　緊急保全措置に関する差押についての出題であり、理論上の更正処分に関する法人税の差押を早い順に記述させるという受験生には少々難易度の高い出題でした。早い順という解答の条件が付されていますのでその順番が前後しているものは、内容が正しくても不正解となると思われます。なお全項目を5項目として解答欄が用意されていますが、実際には繰上保全差押は更正処分に関する手続きには該当しないと考えて解答とはしていません。

〔第二問〕
問1
　第三者に対する動産の引渡し命令と留置権により担保されている債権と滞納国税に関する配当金額に関する出題で難易度はあまり高くなくほぼ完璧な解答ができたと思われます。

問2
　同族会社の第二納税義務を中心にした徴収可能額の出題であり、この点に関しては基本的な出題であったと思われます。またR国所在の不動産に関しては国税徴収法の試験範囲ではないような印象もありますが、租税条約による滞納の共助の規定の説明があるので徴収可能の金額としています。

令和7年度 税理士試験
国税徴収法 過去問
平成30年度(第68回)

<解答・解説>

第68回(解答・解説編)

◆目標解答時間とボリューム・難易度

	目標解答時間	ボリューム	難易度
第一問	65 分	★★★☆☆	★★★☆☆
第二問	55 分	★★☆☆☆	★★☆☆☆

◆解答作成の戦略

・第一問：問1では見積価額とその公告に関する制度の根拠や背景が問われており
少々解答には苦慮します。まずは見積価額の規定を記述してから、学習で
学んだ知識で根拠や背景を説明すれば十分です。問2は賃借権者への通知か
ら差押換の請求をさせることを結論とすることを記述します。最後の問3
は抵当権付の土地の譲渡について、無償又は著しい低額の財産譲受人等の
第二次納税義務を解答することになります。

・第二問：問1では換価の猶予を取消なければならないことが容易に判断できますの
で、その取消について、また物上保証人の財産からの国税の徴収に関し
て、その徴収金額を説明します。この配当金額に誤りが無いように注意を
してください。問2は猶予金額の減額と猶予期間の延長についてです。こ
ちらも容易に記述ができます。第2問は全体に解答が容易な内容なので、
丁寧に正確な答案を作成してくだい。

〔第一問〕 －50点－

問1

(1)

> 見積価額は公売における最低売却価額を意味する。従ってこの見積価額は客観的時価を基準すべきである。しかし公売財産という特殊性から、この客観的時価をそのまま見積価額とすることはできない。これは公売が租税を徴収するための換金手続であること、税務署を中心とした比較的限定された地域内での売却であること、一般的消費者は公売財産の取得を敬遠すること、売却される財産の条件が売主側で一方的に決定され、さらに買受手続が煩雑などの理由によるためである。したがって見積価額は、これらの特殊事情を考慮して決定しなければならないとされている。

(2)

> 公売は滞納となっている租税を徴収するという特殊な事情の下に行われる特殊な財産の売却方法である。このため通常の財産の処分価額と比較すると客観的時価を下回るのが一般的である。また一方で、できるだけ高額で公売財産を換価をすることは滞納者をはじめ徴収側にも重要な課題である。そこで見積価額という最低売却価額を公売の日よりできるだけ早く公告することにより、一般公衆の公売参加の促進をしようという目的のために見積価額の公告が行われる。これにより不動産については公売の日の3日前の日までに見積価額を公告すべきことが定められている。

問2

> 税務署長は滞納者の財産を差押えるに当たって滞納処分に支障がない限り、その財産につき第三者の権利を害さないように努めなければならないとされている。この時にやむを得ず第三者の権利の目的になっている財産を差押えた場合には、その財産の利害関係者のうち知れている者に対して差押をした旨その他必要な事項を通知しなければならない。これにより差押えた不動産が、賃借権の目的になっていれば、その賃借権を有する者に、その不動産を差押えた旨を通知することになる。
>
> この通知は、賃借権者など第三者に対してその権利保護の機会を与えることを目的にしている。
>
> この通知を受けた賃借権を有する第三者は差押をした税務署長に対して、滞納者が他に換価の容易な財産で、他の第三者の権利の目的になっていない財産を有し、この財産を換価することにより滞納者の国税の全額を徴収できる場合には、差押換の請求をすることができる。

問3

> 徴収することができる金額：500万円
>
> 理　由：
>
> １．事例の状況に関して
>
> 　　滞納者Ｂは所得税滞納後にその所有する甲土地に抵当権を設定し、その状態のまま親族であるＣに贈与している。この場合、Ａ税務署長は国税徴収法第39条の「無償又は著しい低額の譲受人等の第二次納税義務」の適用により滞納者Ｂの国税を財産譲受人のＣから徴収することができる。このための具体的要件などを次の通り検討する。
>
> ２．無償又は著しい低額の譲受人等の第二次納税義務の成立要件
>
> 　　次の全ての要件に該当するときは、無償又は著しい低額の財産譲受人等であるＣは、その滞納に係る所得税600万円につき第二次納税義務を負うことになる。
>
> ⑴　滞納者Ｂがその所有する甲土地を親族Ｃに無償譲渡にあたる贈与をしている。ただしこの時に、贈与をされた甲土地には抵当権が設定されており負担付贈与となっている。
>
> ⑵　上記⑴の無償譲渡は平成30年2月1日に行われており、これは滞納者Ｂの平成28年分の所得税の法定納期限である平成29年3月15日の1年前の日以後である。
>
> ⑶　滞納者Ｂはその唯一の財産である甲土地の無償譲渡により無財産の状況であり、Ｂに滞納処分を執行しても、なおその徴収すべき額に不足すると認められる。
>
> ⑷　上記⑶の滞納国税に不足すると認められることが、上記⑴の甲土地の贈与に基因すると認められる。
>
> 　　本事例では上記要件のいずれも満たすために、財産譲受人である親族Ｃに第二次納税義務が生ずることになる
>
> ３．第二次納税義務を負う者
>
> 　　本事例の第二次納税義務者は、滞納者Ｂから甲土地を贈与により無償で譲受けた滞納者Ｂの親族であるＣとなる。
>
> ４．第二次納税義務の範囲と限度
>
> 　　無償譲渡等の処分が滞納者Ｂの親族であるＣであるために、無償譲渡等の処分により受けた利益の額、つまり甲土地の評価額900万円を限度に第二次納税義務を負うことになる。
>
> 　　ただし、本事例の場合は贈与により受けた甲土地の時価が900万円であるが抵当権400万円が設定された状態で贈与を受け、この抵当権を引受けることにＣが同意しているために、この金額を控除した500万円が第二次納税義務の限度額となる。

〔第二問〕 －50点－

問1

徴収できる金額：90万円

徴収するための措置、理由：

1. 事例の状況に関して

　本事例では滞納者Eが換価の猶予に係る分納税額が納付できない状況が発生している。しかし、この納付困難となっている事情は、やむを得ない理由によるものではない。

　したがって、F税務署長は滞納者Eに対する換価の猶予を取消し、猶予に際して親族Gが物上保証をしているF土地に滞納処分の執行を行い、猶予税額の残額90万円を徴収することになる。

2. 換価の猶予の取消

　(1) 取消事由

　　F税務署長は、換価の猶予を受けた滞納者Eが分割納付するとした各月30万円を納付期限の月末までに行っていない場合には、換価の猶予を取り消すことができる。本事例では、この分割納付できない理由が個人的趣味による資金不足であるために、換価の猶予は取り消されるものと考えることができる。

　(2) 手続

　　F税務署長は滞納者Eの換価の猶予を取り消したときは、その旨を滞納者Eに通知しなければならない。

3. 物上保証人の担保財産に関する滞納処分

　滞納者Eの親族であるGは、Eが換価の猶予を受ける際にその所有する乙土地について物上保証を行っている。今回Eの換価の猶予が取り消されることになれば、この乙土地が滞納処分の例により処分されることになる。

4. 徴収できる金額

　本件では、同一財産である乙土地に滞納所得税に係る物上保証としてのF抵当権と、物上保証人が自ら設定したH抵当権が競合している。このような場合には、国税のF抵当権と物上保証人自ら設定したH抵当権の優劣を判断しなければならない。

　この判定にあたり注意しなければならないのは、滞納となっている所得税に法定納期限等である平成30年3月15日と、物上保証人が設定したH抵当権の設定日平成29年7月1日によりその優劣を判定基準としてはならない。これはH抵当権者が、Gが保証をしている滞納者Eの国税の法定納期限等を知ることはできないためである。したがってこのような場合には、抵当権の設定登記順序によりその優劣を判定することになる。

　これにより換価代金は、第1順位のH抵当権に300万円全額が、またこれに次ぎ第2順位のEの滞納所得税に配当が行われる。ただしEの滞納所得税180万円は4月末から6月末までに毎月30万円、計90万円がすでに納付されているので、残額90万円に相当する金額がEの滞納所得税分として徴収されることになる。

　なお、残額110万円（＝500万円－300万円－90万円）は物上保証人Gに交付されることになる。

問2

1．事例の状況に関して

　換価の猶予に係る毎月の分割額30万円が、取引先との受注減少によるために7月末以降資金不足を理由に納付困難な状況にある。この納付困難な事情は、引き続き換価の猶予を継続するための十分な理由があると考えられる。

　したがって換価の猶予を継続適用する前提で、分割納付額の減額承認を行い、さらに残存猶予期間を延長する措置を執ることが妥当である。

2．分割納付金額の減額と猶予期間の延長

　滞納者Eは取引先からの受注額の減少という事情により、当初分割納付するとした30万円を毎月末に納付できない状況にある。F税務署長はこの分割納付できない事由が、やむ得ない理由によるものと判断し、当初の分割納付額30万円を納付可能な金額に減額し、さらにその猶予期間を延長することができる。

(1) 分割納付額の変更

　本事例では毎月末の納付額30万円を今後20万円に減額すれば納付可能とのことである。このためF税務署長は、換価の猶予を引続き適用することとして、分割納付額を30万円から20万円に減額承認することができる。

(2) 猶予期間の延長

　分割納付する期間は残存期間が3か月であり、7月末以降毎月20万円を3か月、計60万円納付させても90万円全額を完納することはできない。したがってF税務署長は、滞納者Eに猶予期間の延長を申請させて7月末から11月末の5か月間で残額90万円の滞納国税を分割納付させることになる。

3．納税者への通知

　F税務署長は換価の猶予に係る期間を延長したときには、その旨を滞納者Eに通知しなければならない。

4．担保の継続徴取

　本事例では滞納者Eが4～6月末に合計90万円を納付しており、当初の滞納税額180万円が7月現在90万円に減少している。法律によれば換価の猶予に係る担保提供は税額が100万円以下の場合には必要ない。このために物上保証人による担保解除の請求も考えられる。しかし物上保証人からの解除請求は認められていないために、換価猶予の延長に際しては引続き親族Gを物上保証人として乙土地に抵当権を設定し続けることが妥当である。

解　説

〔第一問〕

問 1

　　公売は特殊な財産の売却方法であり、見積価額がどのような性格を持ちどのように決定されるかの事情を解答しなければなりません。また見積価額の公告は最低売却価額を広く一般に公表し、一般公衆も公売参加に関心を持たせる旨を解答する必要があります。

問 2

　　差押財産には第三者の権利が存在しないものを選択すべきこと、またやむを得ずこれに差押をする場合にはその旨を第三者に通知して、その権利を保護するために差押換という制度が設けられていることを解答することになります。

問 3

　　本事例では国税徴収法第 39 条の無償又は著しい低額の譲受人等の第二次納税義務により滞納国税の徴収が行われます。このときに贈与前に抵当権が設定されているために、この点を第二次納税義務に係る金額の算定にあたり考慮しなければなりません。

〔第二問〕

問 1

　　分納ができない理由が個人的な趣味によるために換価の猶予を取り消し、親族が提供している物上保証財産である土地を滞納処分により換価することになります。この換価の猶予の取消と物上保証となっている財産の換価、およびこの換価から徴収することができる国税の金額を解答することになります。

問 2

　　分納ができない資金不足の事情は、事業上のやむ得ない理由によるものです。このために換価の猶予を引き続き適用することが妥当です。これについて分納納付金額の減額と猶予期間延長の申請について説明します。

令和7年度 税理士試験
国税徴収法 過去問
令和元年度(第69回)

<解答・解説>

第69回(解答・解説編)

◆目標解答時間とボリューム・難易度

	目標解答時間	ボリューム	難易度
第一問	60分	★★★☆☆	★★☆☆☆
第二問	60分	★★★☆☆	★★★★☆

◆解答作成の戦略

・第一問：問1では交付要求と参加差押の異同を要件、手続さらに効果を別々に問われています。要件や手続については簡単にその違いが説明できます。しかし本問で一番重要なのは効果における異同点です。これを丁寧に記述してください。また問2の財産調査権限は質問と検査、捜索について徴収側の権限となるべき事項を抽出して記述してください。

・第二問：4件の滞納国税の存在を前提にしますが、まずは法定納期限等の日付を明確にしてください。さら同族会社の解散に関連して2種類の第二次納税義務が発生します。これがどのような状況により発生し、誰がどれだけの第二次納税義務を負担することになるのかを問題文の中から読取りながら、その関係を明確にしてから解答を始めてください。最後の譲渡担保権者の物的税責任は、適用のある滞納国税に注意して解答を考えてください。

〔第一問〕 －50点－
1　交付要求と参加差押の異同について
　(1)　要件の異同

> 　交付要求は滞納者に強制換価手続が開始された場合に、その執行機関に行われる配当請求手続である。これに対して参加差押は、配当請求という交付要求と同様の性質を持つが、本質的には先行の行政機関が行う滞納処分に対する二重差押に該当する。
> 　このために参加差押は差押の要件を具備している必要があり、先行の滞納処分の対象となっている財産も動産及び有価証券、不動産、船舶、航空機、自動車、建設機械及び小型船舶、電話加入権に限定されている。

　(2)　手続の異同

> 　交付要求は行政機関に対する配当請求であるため、その執行機関に対して交付要求書を交付することにより行われる。
> 　また参加差押も同様に行政機関に対して参加差押書の交付により行われる。ただし参加差押は二重差押としての意義を有するために登記が必要であり、不動産、船舶、航空機、自動車、建設機械、及び小型船舶は、参加差押の登記を関係機関に嘱託しなければならない。なお電話加入権は参加差押をした時には、その旨を第三債務者に通知することになる。

　(3)　効果の異同

> 　交付要求は先行の強制換価手続に対する配当請求であることから先行の執行機関が強制換価手続を解除した場合にはその効力を失うことになる。これに対して参加差押は先行の行政機関が滞納処分を解除したときには差押の効力が生ずることになり、この点が両者の大きな相違点である。
> 　参加差押は先行の行政機関の差押解除により、その行政機関から差押財産の引渡し、また他の機関からの参加差押書などの関係書類の引渡しを受けることになる。
> 　また参加差押は行政機関どうしの重複した滞納処分であることから、先行の行政機関が換価を速やかに行わない場合には換価の催告を行うことができ、これも参加差押だけに認められた効力になっている。
> 　さらに参加差押をした税務署長は、参加差押不動産に換価の催告をしたにも関わらず換価に付されないときには滞納処分を行っている先行の行政機関等の同意を得て換価の執行をする旨の決定をすることができる。

2　徴収職員における財産調査権限について

(1) 質問検査権

　徴収職員の質問及び検査並びに捜索は滞納処分について財産の調査をするために認められているものであり、犯罪捜査のためのものではない。なお、この質問及び検査並びに捜索は任意調査であるが、正当な理由なくこれらを拒否したような場合には罰則規定もある。

(2) 質問検査の対象者とその方法

　徴収職員は滞納処分のため滞納者の財産を調査する必要があるときは、その必要と認められている範囲内において、次に掲げる者に質問し、又はその者の財産に関する帳簿書類（電磁的記録を含む。）を検査することができる。

① 滞納者

② 滞納者の財産を占有する第三者及びこれを占有していると認めるに足りる相当の理由がある第三者

③ 滞納者に対して債権若しくは債務があり、又は滞納者から財産を取得したと認めるに足りる相当の理由がある者

④ 滞納者が株主又は出資者である法人

(3) 捜索権限

　徴収職員は滞納処分のために必要があるときは、滞納者の物又は住居その他の場所につき捜索することが認められている。また次のいずれかに該当するときは、第三者の物又は住居その他の場所につき捜索することもできる。

　この捜索に際して必要があるときには滞納者若しくは第三者に戸若しくは金庫その他の容器類を開かせ、又は自らこれらを開くための必要な処分をすることも認められる。

① 滞納者の財産を所持する第三者がその引渡しをしないとき。

② 滞納者の親族その他の特殊関係者が滞納者の財産を所持すると認めるに足りる相当な理由がある場合において、その引渡しをしないとき。

(4) 捜索時の出入禁止

　徴収職員は捜索、差押又は財産の搬出をする場合において、これらの処分の執行のため支障があると認められるときには、これらの処分をする間は、次に掲げる者を除き、その場所に出入りすることを禁止することができる。

① 滞納者

② 差押に係る財産を保管する第三者及び捜索を受けた第三者

③ 上記①、②に掲げる者の同居の親族

④ 滞納者の国税に関する申告、申請その他の事項につき滞納者を代理する権限を有する者

(5) 官公署への協力要請

　徴収職員は、滞納処分に関する調査について必要があるときは、官公署又は政府機関に、その調査に関して参考となるべき帳簿書類その他の物件の閲覧又は提供その他の協力を求めることができる。

〔第二問〕 －50点－

1．事例の状況

　本問では株式会社甲が、平成28年9月期分からの消費税、及び法人税の4件を平成31年4月20日現在も滞納しており、これらの納付のないまま株式会社甲を解散させている。これにより清算人等の第二次納税義務、また無償又は著しい低額の譲渡人等の第二次納税義務が代表取締役並びにその特殊関係者などに発生する。

　さらに一部債権が平成29年9月期の法人税の法定納期限等後に譲渡担保となっており、譲渡担保権者の物的納税責任によりこの滞納法人税を徴収することも可能である。

2．清算人等の第二次納税義務

(1) 第二次納税義務の成立

　本事例では下記のいずれにも該当するために清算人等の第二次納税義務が発生する。

① 株式会社甲が解散し、株式会社甲に課されるべき、又は納付すべき国税を納付しないで残余財産の分配又は引渡しをしている。

② 株式会社甲に対して滞納処分を執行しても、すでに残余財産の分配又は引渡しが完了しており、滞納となっている国税を徴収することはできない状態にある。

(2) 第二次納税義務者

　清算人等の第二次納税義務を負う者は清算人及び残余財産の分配、又はこの財産の引渡を受けた者（無限責任社員を除く。）である。従って本事例では下記のA、C及びBがその責任を負うことになる。

① 残余財産の分配又は引渡しをした清算人である代表取締役A、及び株主Cが第二次納税義務者となる。この時にCは清算人に就任するが清算事務に関与していないが清算人であることから第二次納税義務者に該当することになる。

② 残余財産の分配又は引渡しを受けた者に該当する株主B

(3) 第二次納税義務の限度

　清算人等の第二次納税義務の範囲は下記の通りである。

① 清算人A及びC

　清算人は残余財産を受取っていなくても残余財産の分配又は引渡しをした金額を限度に第二次納税義務を負うことになる。本事例の場合には定期預金の解約金500万円、借入金返済に伴う受領額400万円、さらにCに対する債務免除額100万円の合計1,000万円がその限度になる。

　この時に清算人A及びCは共同で同額1,000万円の責任を負う。また清算人Cは実質的に清算事務に関与していないが1,000万円の債務を負うことになる。

② 残余財産の分配を受けたB

　残余財産の分配を受けた株主Bはその分配を受けた定期預金の解約金100万円と借入金返済に伴う受領額である200万円の合計300万円が第二次納税義務の限度額になる。

3．無償又は著しい低額の譲受人等の第二次納税義務
(1) 第二次納税義務の成立

本事例では下記のいずれにも該当するために無償又は著しい低額の譲受人等の第二次納税義務が発生する。

① 滞納者である株式会社甲がその財産につき無償又は著しい低額による金額によりその財産を譲渡し、または債務の免除をその他第三者に利益を与える処分（国及び公共法人に対するものを除く。）を行っている。本事例では 債務弁済に伴う建設機械の低額による譲渡、並びに親族に対する300万円の贈与がこれに該当することになる。

② この無償又は著しい低額の譲受人の第二次納税義務は、その無償譲渡等が滞納国税の法定納期限の1年前の日以後に行われている場合であり、本事例ではその無償譲渡等が4件の滞納法人税等の法定納期限の1年前の日以後に行われている。

③ 滞納者である株式会社甲に滞納処分を執行してもなおその徴収すべき国税に不足すると認められる。

④ 上記③の不足すると認められる事由が無償低額による譲渡等に基因していると認められる。

(2) 第二次納税義務者

この無償又は著しい低額の譲受人等の第二次納税義務は、その処分により権利を取得し、または義務を免れた者である。したがって本事例では下記の者が具体的な第二次納税義務者になる。

① 建設機械3台を債権の返済に伴い著しい低額で取得した株式会社乙
② 株式会社甲の代表取締役Aからその預金口座に振り込みを受けた長女E

(3) 第二次納税義務の限度

無償又は著しい低額の譲受人等の第二次納税義務の範囲は、その処分時に滞納者の親族その他の特殊関係者である場合はその処分により受けた利益の額とされ、親族その他の特殊関係者以外の場合には処分より受けた利益が現に存する額とされている。本事例ではその処分を受けた者が親族その他の特殊関係者であるためにその限度は次のとおりになる。

① 建設機械3台を債務弁済に伴い著しい低額で取得した株式会社乙は、その利益に相当する金額である900万円（＝ 1,500万円－200万円－400万円）を限度に第二次納税義務を負うことになる。

② 株式会社甲の代表取締役Aの長女Eは預金口座に振込まれた300万円が全額第二次納税義務の限度額になる。

4．譲渡担保権者の物的納税責任

下記のいずれの要件にも該当するために株式会社甲の平成29年9月期の確定申告法人税300万円を譲渡担保権者である株式会社戊から徴収することができる。

(1) 株式会社甲が譲渡した財産である売掛金が、その譲渡により担保の目的になっていると認められる。

(2) 譲渡担保の設定が平成30年10月28日に登記されており、これは平成29年9月期の法人税の法定納期限等である平成29年11月30日後に行われている。

(3) 株式会社甲はその所有する財産がなく、滞納処分を執行してもなお徴収すべき額に不足すると認められること。

解説

〔第一問〕

極めて基本的な問題であり、暗記している理論がそのまま記述できる内容です。ただし基本的な出題であるがために、いずれの項目も詳細かつ正確な記述が必要です。多くの受験生はこの第1問でかなり高得点を得ることができるものと思われます。模範解答を参考にして漏れている事項が無いかを点検しましょう。

1　交付要求と参加差押の異同

　これら両者は独立した理論として双方を詳細に暗記しているはずです。本問ではこれを要件、手続さらに効果の異同点として解答することになるので、それぞれを比較してその違いを端的に記述する必要があります。特に要件における差押の要件の具備や効果における換価催告権等が重要な論点です。これらの記述について各自確認しましょう。

　模範解答では効果の異同点についてはあまり詳細を説明していませんが、参加差押は滞納処分を一定時点まで遡り引継ぐことは記述されていれば良いです。また令和元年の改正点である参加差押の換価執行の決定についても記述の必要があります。

2　財産調査権限

　滞納者の財産の調査には、質問及び検査と捜索があります。出題では財産調査権限とあるので、任意の質問及び検査だけではなく強制的な効力を持つ捜索についても記述が必要です。

　質問及び検査については模範解答に示す程度の内容で十分です。また捜索に関しても解答程度の内容が記述されていれば良いものと思われます。もちろんこれに捜索の時間制限、身分証明書の呈示、捜索調書の作成等について触れられていれば多少の加点もあると考えられます。

〔第二問〕

例年の出題となっている第二次納税義務を中心にした問題です。ただし令和元年度の出題はその事例がかなり複雑に構成されています。

さらに問題を発展させて、再調査により債権に係る譲渡担保が存在することから譲渡担保権者の物的納税責任にまでその範囲は及ぶという内容になっています。

1．第二次納税義務関連

　解答では第二次納税義務の規定が清算人等の規定なのか無償低額の規定なのかを取引や手続ごとに整理してから解答を組み立てることが重要です。発生している事象を列挙すれば下記のようになります。

⑴　株式会社甲の定期預金500万円の解約とその分配
⑵　債務弁済に伴い生じる建設機械の低額譲渡による利益額900万円
⑶　上記の建設機械の譲渡代金400万円の受取りとその分配
⑷　代表取締役Aの弟Cに対する債務免除100万円
⑸　代表取締役Aの長女Eへの売掛金回収額300万円の贈与

　上記の⑴、⑶、及び⑷が清算人等の第二次納税義務になり、⑵と⑸が無償又は著しい低額の譲受人等の第二次納税義務に該当することになります。これらをそれぞれ区別して成立要件、義務を負う者、その限度として解答することになります。

2．譲渡担保権者の物的納税責任

　動産等の実態のある財産ではなく、売掛金という債権を譲渡担保にしている「集合債権譲渡担保」のケースであるが問題の情報から譲渡担保であることを判断して物的納税責任が生ずるかどうかを判断しましょう。

　この物的納税責任により徴収が可能な国税は今回の4件の国税のうち平成29年9月期分の確定申告法人税だけである点も解答には重要であり、単に譲渡担保の物的納税責任の4項目を記述するだけではなく、この法人税だけがその対象になることの記述も重要でしょう。

· · · · · · Memorandum Sheet · · · · · ·

令和7年度 税理士試験
国税徴収法 過去問
令和2年度(第70回)

第70回（解答・解説編）

<解答・解説>

◆目標解答時間とボリューム・難易度

	目標解答時間	ボリューム	難易度
第一問	60分	★★★☆☆	★★☆☆☆
第二問	60分	★★★☆☆	★★★★☆

◆解答作成の戦略

・第一問：問1の次順位買受申込制度の暗記はできていると思われます。しかし本問では趣旨（理由）を説明しなければなりません。制度そのものをよく考えて、解答を記述してください。問2は第三者の権利保護規定の代表的な問題です。いずれの事項も正確な記述が要求され、完璧な解答を作成する必要があります。

・第二問：同一納税者に換価の猶予の申請、またその取消さらに新たな換価の猶予の申請の適用を検討させる問題です。問1の適用申請については何ら問題はありませんので容易に解答が可能です。しかし問2の分割納付ができないことが換価猶予の取消しになるか、あるいは新たな申告所得税について換価の猶予の適用ができるかを判断しなければなりません。問2は適用要件等を正確に理解している必要があますが、これを考慮して解答をしてください。

〔第一問〕 －50点－

問1

(1) 次順位買受申込者制度の趣旨

　　公売において買受人が買受代金を納付しないなどの事情により、再公売を実施する必要が生じた場合は、再度公売公告から売却決定までの手続をやり直さなければならない。本来公売は滞納者の財産を売却するという厳格な処分であるために慎重な取り扱いを必要とし、このような手続きを再度やり直すことは、徴収職員に大きな負担をかけることになる。

　　また、再公売の場合には当初の公売より入札参加者が減少することや、売却価額も当初の公売より低くなるという事情もある。そこで公売事務の手続の合理化、売却価額の維持安定のために、最高価申込者の決定直後に、一定の要件を満たすものを補欠として次順位買受申込者として定めることとしている。

(2) 次順位買受申込者を本人申込とする理由

　　最高価申込者の納付した公売保証金は買受代金の一部として充当されることとなっている。同様に次順位買受申込者の納付した公売保証金も、最高価申込者がその買受代金の納付がないなどの事情によりその売却決定が取り消されれば、買受代金に充当される。つまり次順位買受申込者の買受代金は最高価申込者が買受代金を納付して売却決定が行われるまでは返還されずに留保されることになる。この留保について同意するかどうかを本人申込により確認することになる。

(3) 次順位買受申込者の要件と2名以上の申込があった場合

　　徴収職員は次のすべての要件に該当するときは、最高価申込者の決定後直ちに、その入札者を次順位買受申込者として定めなければならない。

① 入札の方法による不動産等の公売であること

② 最高入札価額に次ぐ高い価額（見積価額以上で、かつ最高入札価額から公売保証金の額を控除した金額以上であるものに限る。）による入札者から、次順位による買受の申込があること

③ 公売保証金を提供させる場合において、所定の公売保証金を提供していること

④ 買受人の制限や公売実施の適正化のための措置による規定により買受人としてはならない者でないこと

⑤ 公売参加について一定の資格その他の要件を必要とする場合に、これらの資格を有する者であること

　　上記の場合において、最高入札価額に次ぐ高い価額による入札者が2名以上あり、これらの者から次順位買受申込がある場合は、くじにより当選した者を次順位買受申込者として決定する。

問2

1．財産の差押換えの請求について
 (1) 第三者からの差押換えの請求
　　次のすべての要件に該当するときは、その第三者は税務署長に対し、その財産の公売公告の日（随意契約による売却をする場合には、その売却の日）までに、その差押換を請求することができる。
　① 質権、抵当権、先取特権（不動産保存の先取特権等又は不動産賃貸の先取特権等に限る。）、留置権、賃借権、配偶者居住権その他第三者の権利（上記先取特権以外の先取特権を除く。）の目的となっている財産が差押えられたこと。
　② 滞納者が他に換価の容易な財産を有していること
　③ その財産が他の第三者の権利の目的となっていないものであること
　④ その財産により、その滞納者の国税の全額を徴収することができること
 (2) 相続人からの差押換えの請求
　　被相続人の国税につき相続人の固有財産が差押えられた場合には、相続人は税務署長に対して、次のすべての要件に該当することを理由として、その差押換えを請求することができる。
　① 相続人が他に換価の容易な相続財産を有していないこと
　② ①の財産が第三者の権利の目的になっていないものであること
　③ その財産により、その滞納者の国税の全額を徴収することができること

2．交付要求の解除の請求について
　　強制換価手続により配当を受けることができる債権者は、交付要求があったときは税務署長に対し次のすべての要件に該当することを理由として、その交付要求を解除すべきことを請求することができる。
 (1) その交付要求により、自己の債権の全部又は一部の弁済を受けることができないこと
 (2) 滞納者が他に換価の容易な財産で、第三者の権利の目的になっていないものを有しており、かつその財産によりその交付要求に係る国税の全額を徴収することができること

〔第二問〕 －50点－

問1（20点）

1．適用要件

　Y税務署長は、納税者Aが次のすべてに該当すると認められるため、Aが納付すべき平成30年分の申告所得税の修正申告税額について、国税徴収法第151条の2の「申請による換価の猶予」を適用し、その滞納処分による財産の換価を猶予し、分割納付をさせることができる。

(1) 納税者Aは滞納国税150万円の内50万円をすでに納付しており、未納額100万円についても分割納付を行うという納税に関する誠実な意思を有すると認められる。

(2) 納税者Aは修正申告分の未納分の所得税を一時に納付することによりその事業の継続を困難にするおそれがあると認められる。

(3) 修正申告書の提出日令和元年11月30日の同日に換価の猶予の申請を行うとしており、これは納期限から6ヵ月以内の期限内申請に該当する。

(4) 現状では納税者Aは納税の猶予、又は職権による換価の猶予の適用を受けていない。

(5) 換価の猶予の適用により担保の徴取が必要であるが、猶予申請税額が100万円以下であるために担保の徴取は必要ない。

(6) この申請時において申請以外の国税の滞納は存在しない。

2．申請手続

　納税者Aはこの換価の猶予の申請をしようとするときは、下記に掲げる事項を記載した申請書に必要書類を添付し、これをY税務署長に提出しなければならない。

(1) 記載事項

① 申告所得税を一時に納付することにより、その事業の継続が困難となる事情の詳細

② 納付が困難である金額が申告所得税（修正申告分）100万円であること

③ 猶予を受けようとする期間

④ 猶予税額の分割納付を希望するので毎月20万円を5ヵ月間で納付する旨

(2) 添付書類

① 財産目録

② 担保の提供に関する書類…本事例では不要である

③ その他一定の書類

問2

1．平成30年度分の修正申告分の所得税

　納税者AはY税務署長から平成30年度分の修正申告分の所得税100万円について、毎月末20万円を令和2年12月末から和2年4月30日までに毎月末全5回で分割納付する換価の猶予の適用を受けていた。これにより納税者Aは、猶予期間内の各月末において、この金額20万円を分割して納付しなければならない。

　しかし、令和2年3月5日に得意先Bの倒産という理由により2月末の第3回分までの60万円の納付は完了しているが、第4回分と第5回分の各20万円の計40万円の納付が困難な状況になっている。

　換価の猶予は分割納付の納期限ごとにその猶予金額を納付できない場合には、原則的にその適用は取消されるために、今回の納税者Aの換価の猶予は取り消されることになる。

2．分割納付額の変更と換価の猶予期間の延長

　しかしながら、分割納付が不履行となった場合であっても、それが取引先Bの倒産というやむを得ない理由であると認められるために、換価の猶予を取り消すことなく、Y税務署長の自らの職権又は納税者Aからの申請により引き続きその猶予を継続することができる。

　この場合の猶予期間はすでに猶予した期間とあわせて2年をこえることができない。本事例の場合には平成30年度分の申告所得税の未納額は40万円であり、当初の納税計画である毎月末20万円の納付を10万円に減額しても、今後4ヶ月での納付が可能であり、その猶予期間は2年を超えることはない。

3．令和元年分申告所得税に関する換価の猶予の適用

　納税者Aは令和元年度分の申告所得税の確定申告分30万円について、令和2年3月13日に確定申告書の提出と同時に、この所得税が一時納付困難として換価の猶予の申請をしている。

　しかし、このときすでに滞納者Aは平成30年度分の修正申告所得税につき換価の猶予の適用を受けており、一部その分割納付が履行できていない状況にある。

　換価の猶予の適用を受ける場合には申請に係る国税以外に滞納国税が存在しないことが要件とされるが、分割納付が履行されていない国税が換価の猶予を受けた所得税である場合には、申請による換価の猶予の適用を受けることができる。

　Y税務署長は今回の令和元年分の申告所得税に関する換価の猶予の申請については添付書類を含めて不備のない申請書が提出され一時納付できないことにつき得意先の倒産というやむを得ない事情が発生しており、また申請に係る令和元年分の所得税の納税について納税者Aが誠実な意思を有していることなど総合的な状況を判断して換価の猶予を適用すべきである。

4．分割納付に関して

　Y税務署長が令和元年分の申告所得税30万円の換価の猶予を認めた場合、納税者Aが平成30年分の申告所得税の未納分40万円を毎月末10万円ずつ4か月で分割納付した後、引き続き令和元年分の申告所得税30万円についても、滞納者Aの財産の状況その他の事情からみて、その猶予する期間内の各月に納付させる金額を、それぞれの月において合理的かつ妥当なものとなるようにして納付計画を検討することになる。

解　説

〔第一問〕

問1

　第68回（平成30年度）の見積価額に関する趣旨や役割など制度の背景を問う出題がされましたが、本問もこれと同様に次順位買受申込者の制度そのものではなく趣旨等の制度の本質を問う内容です。

　学習上ではこの制度の内容は公売において予め補欠となるべき者を決めておき、再公売をしないためと漠然と理解していても、これを正確に解答することには苦慮する内容です。

　特に(2)の本人の申込制の理由については、どのようなことを解答すべきか受験生には難解な内容です。もちろんこのような問題は何らかの解答を僅かばかりしておきましょう。

　また、(3)の次順位買受申込者となる者の要件は第104条の規定以外に、通達に説明されている内容を若干項目だけ解答としていますが、ここまでの記述は必要ないと考えましょう。

問2

　出題は第62回（平成24年度）の第1問の問1とまったく同じ内容であり、第三者の権利保護規定に関する基本的な問題です。

　差押換えに関しては第三者の差押換えの請求だけではなく、相続人からの差押換えの請求にも言及しなければなりません。なお令和2年度の国税徴収法の改正により第三者の権利に「配偶居住権」が追加されています。この点についても正確な記述ができているかどうかがポイントになります。

　交付要求の解除請求も記述すべき内容は多くありません。このために答案用紙にかなり余白が生ずるが正しい記述ができていれば、内容が少なくても得点上の心配ありません。

〔第二問〕

　本問は、国税徴収法における申請による換価の猶予とその分割納付不履行の場合の猶予期間の延長、及び分割納付額の変更について、さらに分割納付不履行が発生している場合の換価の猶予の再申請に関する適用の可否に関する出題です。その内容は実務色が強く、出題者は税務署等の現場において管理、徴収部署などに在籍し多くの滞納案件に携わってきた経験による出題であることが容易に想像できます。

　このような問題では理論集にある換価の猶予の内容を規定通り記述するのではなく、Y税務署長がどのような判断をして換価の猶予の適用、延長さらに新たな換価の猶予の適用をするかを総合的に判断しながら解答をすることになります。

　なお問題では令和元年分の申告所得税については、令和2年2月に実際に適用されたコロナ禍による国税通則法第11条の災害等による期限の延長の適用はないことが明記されていますが、もちろん本問ではこれを考慮する必要ありません。

さらに設例では最後に納税者Ａが自宅兼事務所である不動産 500 万円の存在が説明されています。

しかし、これも滞納が深刻化すれば直ちに滞納処分を執行できるという徴収側の思惑を示すものであり、これを勘案して緩和規定の適用を認めようという実務的な背景も推測できます。当然ながらこの不動産を担保提供させるという趣旨での出題ではありません。

問 1

問題文では修正申告分の所得税の一括納付が困難であり、これに対して「Ａが行うことのできる国税徴収法上の措置」とあるために、申請による換価の猶予の適用を解答することになります。

事例問題であるため理論集の内容をそのまま記述するのではなく、税目や税額また納期限など具体的な金額や日付などを考慮した解答をすべきです。

問 2

問 1 の換価の猶予に係る税額が猶予期間の中途で納付困難な状況になっており、まずこれをどのように取扱うかを検討しなければなりません。原則的には分割納付が履行できない場合には換価の猶予は取り消、もしくは猶予期間が短縮されることになります。ただし分割納付ができない理由がやむを得ない事情による場合には猶予期間を延長することができます。

次に令和元年分の申告所得税は、その申告日が令和２年３月 13 日、この直前の２月末に平成 30 年度分の修正申告所得税の分割納付は行われましたが、３月５日の得意先倒産による資金不足が生じており３月末の分割納付が困難であり、不履行が発生することが予想されるために３月 13 日に申請された換価の猶予は、滞納国税の存在を理由に適用がされないと考えることもできます。ただし、すでに換価の猶予の適用されている国税については、分割納付が履行されていなくても滞納国税の存在には該当しないためにその適用は考えられます。

これにより納税者Ａはやむを得ない事情が発生しておりその納付が困難な状況にありますが、今後も分割納付を積極的に行うという納税についての誠実な意思があると認められることを理由に換価の猶予の適用を受けることできます。

したがって令和元年分の申告所得税 30 万円についても今回は申請による換価の猶予の適用を受けることができます。

最終的には、Ｙ税務署長は納税者Ａに対して平成30年分の修正申告所得税の未納分40万円と令和元年分を毎月末10万円ずつ４ヶ月で分割納付させ、さらに令和元年分の申告所得税30万円についてはそれぞれの月において納付が可能である 10 万円を３ヶ月で分割納付させることになるのが本問の結論になります。

······ Memorandum Sheet ······

令和7年度 税理士試験
国税徴収法 過去問
令和3年度（第71回）

<解答・解説>

第71回（解答・解説編）

◆目標解答時間とボリューム・難易度

	目標解答時間	ボリューム	難易度
第一問	60 分	★★★☆☆	★★★☆☆
第二問	60 分	★★★★☆	★★★★☆

◆解答作成の戦略

・第一問： 問1は差押の解除ができる場合という基本的な問題ですから完璧な記述が必要です。また解除手続も是非とも触れておきましょう。問2は売却決定日が異なる理由が問われているので、規定は簡単にしてその趣旨を正確に解答してください。さらに問3では売却決定が取り消される5つの事由をいくつ列挙することができるかがポイントです。

・第二問： 問1は参加差押に係る換価執行に関する出題です。ここでもその理由が問われているので、これをできるだけ正しく記述してください。第一問の問2でも売却決定日が異なる理由が問われています。これらの出題は理論集の丸暗記だけをしている受験生を選別する目的によるものです。自分で文章を考えてできるだけ専門的な内容にすることが重要です。

問2は典型的なぐるぐる回りの事例問題ですが仮登記抵当権や担保が提供された国税などいくつか考慮しなければならない点があるので、これら一つずつ考慮して最終的な配当金額を算出してください。

〔第一問〕
問1

1 超過差押その他の場合

　徴収職員は、次のいずれかに該当するときは、差押財産の全部又は一部について、その差押を解除することができる。

(1) 差押えに係る国税の一部の納付、充当、更正の一部取消、差押財産の値上り、その他の理由により、その価額が差押えに係る国税及びこれに先立つ他の国税、地方税その他の債権の合計額を著しく超過すると認めるに至ったとき。

(2) 滞納者が他に差押えることができる適当な財産を提供した場合において、その財産を差押えたとき。

(3) 差押財産について、3回公売に付しても入札等がなかった場合において、その財産の形状、用途、法令による利用の規制その他の事情を考慮して、更に公売に付しても買受人がないと認められ、かつ、随意契約による売却の見込みがないと認められるとき。

2 納税の猶予

　税務署長等は、納税の猶予をした場合において、その猶予に係る国税につき既にされている滞納処分により差押えた財産があるときは、その猶予を受けた者の申請に基づき、その差押を解除することができる。

3 換価の猶予

　税務署長は、換価の猶予をする場合において、必要があると認めるときは、差押により滞納者の事業の継続又は生活の維持を困難にするおそれがある財産の差押を解除することができる。

4 保全差押又は繰上保全差押の解除

　徴収職員は、保全差押又は繰上保全差押を受けた者につき、その資力その他の事情の変化により、その差押の必要がなくなったと認められることとなったときは、その差押を解除することができる。

5 不服申立の場合

　再調査審理庁又は国税庁長官は、再調査請求人等が担保を提供して、不服申立ての目的となった処分に係る国税につき、既にされている滞納処分による差押を解除することを求めた場合において、相当と認めるときは、その差押えを解除することができる。

6 差押解除の手続

(1) 差押解除の通知と手続

① 差押解除の通知

　差押の解除は、その旨を滞納者に通知することによって行う。ただし債権及び第三債務者等のある無体財産権等の差押の解除は、その旨を第三債務者に通知することによって行う。

② 財産ごとの解除に伴う措置
　イ　動産又は有価証券、自動車、建設機械又は小型船舶
　　動産又は有価証券、自動車、建設機械又は小型船舶の差押の解除は、その引渡及び封印、公示書その他差押を明白にするために用いた物の除去を行う。
　ロ　債権又は第三債務者等のある無体財産権等
　　債権又は第三債務者等のある無体財産権等の差押の解除は、滞納者へ差押解除の旨を通知する。
③ 差押登記の抹消の嘱託
　税務署長は、不動産その他の差押の登記をした財産の差押を解除したときは、その登記の抹消を関係機関に嘱託しなければならない。

(2) 財産の引渡場所

　動産又は有価証券の引渡は、滞納者に対して、次の区分に応じて、それぞれの場所において行わなければならない。

　ただし、差押の時に滞納者以外の第三者が占有していたものについては、滞納者に対して引渡すべき旨の第三者の申出がない限り、その第三者に引き渡さなければならない。

① 更正の取消その他国の責任とすべき理由により差押を解除する場合は、その差押時に存在した場所で引渡を行う。

② 上記以外の理由で差押を解除する場合は、差押を解除した時に存在する場所で引渡を行う。

問2

(1) 売却決定日

イ　自動車

　自動車は民法上の動産ではあるが、国税徴収法では貴金属等の動産と異なりその財産的な特徴や価格を考慮して独立した財産区分により滞納処分の手続が定められている。特に換価についても自動車の売却決定は、滞納者及び利害関係人に異議申立の機会を与える趣旨により、公売期日等から起算して7日を経過した日に最高価申込者に対して行うものとされている。

ロ　不動産

　不動産についても上記自動車と同様の趣旨により公売日と売却決定の日が異なる旨の規定が設けられている。

　また昨今の社会的な事情を背景にして、最高価申込者が暴力団員等でないことを調査をする必要もあるため、もしこの調査を関係機関に委託したときは公売期日等から起算して21日を経過した日に最高価申込者に対して売却決定を行うものとされている。

(2) 売却決定の取消

1　売却決定を取消す場合

下記の場合には売却決定が取り消される。
(1) 換価財産に係る国税の完納の事実が買受人の買受代金の納付前に証明された場合
(2) 買受人が買受代金を納付期限までに納付しない場合
(3) 公売実施中、または過去2年以内に入札妨害等の事実があり、換価財産について売却決定後に最高価申込者等とする決定を取消す場合
(4) 公売不動産の最高価申込者等または自己の計算で最高価申込者等に公売不動産の入札をさせた者が暴力団員等または法人でその役員のうちに暴力団員等に該当する者があったことにより売却決定を取消す場合
(5) 不服申立てにより滞納処分続行の停止がされたため、売却決定を受けた者がその買受を取消す場合
(6) 不服申立、または訴訟の結果により売却決定を取消す場合

2　売却決定の取消
(1) 動産又は有価証券

換価をした動産又は有価証券に係る売却決定の取消は、これをもって買受代金を納付した善意の買受人に対抗することができない。

(2) 動産又は有価証券以外

換価財産が動産又は有価証券以外の場合、売却決定の取消は原則的な遡求効力を持つため、換価代金の返還、所有権移転登記の抹消などの手続をしなければならない。

〔第二問〕

問1

(1) 税務署長による換価執行の趣旨

参加差押を行った執行機関は先行の滞納処分による換価が迅速に行われない場合には換価を速やかに行う旨の換価の催告を行うことができる。

さらに滞納処分の処理促進を図り、納税者の延滞税負担の増加を抑制するなどの観点から、参加差押を行った執行機関はその財産について、滞納処分を行っている執行機関の同意を得ることを要件として、配当順位を変更することなく、換価を行う換価執行の決定をすることができる。

(2) 換価執行決定の手続等

イ　X税務署長

　参加差押をしたX税務署長が、換価の執行に関する同意をしたD年金事務所長に告知することによって換価執行決定の効力が生ずることになる。

　またX税務署長は換価執行を決定した場合には速やかに、その旨を滞納者甲及び参加差押をしているE市長に通知しなければならない。

ロ　D年金事務所長

　D年金事務所長は換価執行決定の告知を受けた場合、差押えた不動産につき換価執行手続前にE市長とX税務署から参加差押書の交付を受けているため、これら参加差押書及びその他の書類のうち滞納処分に関して必要なものをX税務署長に引き渡さなければならない。

ハ　E市長

　特段の手続等の必要はないが、参加差押の効力は継続することになる。

　これは上記のD年金事務所長からX税務署長への参加差押書等の引渡によりE市長はX税務署に参加差押をしたとみなされるためである。

問2

1　事例の状況

　本事例では物上保証人Aの乙土地の上で2つの抵当権に優先するE地方税が、これらに劣後するD年金事務所長が先に差押を行なったことにより劣後し、さらにこれらに遅れる滞納者甲の消費税の抵当権が設定され、この消費税もX税務署長により参加差押が行われている。

　これにより国税徴収法第26条のぐるぐる回りの状況になっているために具体的な配当額は下記の方法で計算することになる。

2　優先権が確定している債権等の先取

　本事例ではX税務署長が乙土地の換価に際して、その評価鑑定のために30万円の支払いをしておりこれは直接の滞納処分費に該当するために換価代金から最優先で配当されることになる。

　なおD年金事務所長が乙土地の鑑定評価のための支出30万円は、本事例での強制換価手続の費用、若しくは直接の滞納処分費には該当しないため配当が行われることはない。

　これにより換価代金の残額1,130万円（＝1,160万円－30万円）は下記の方法で配当額を計算することになる。

3　租税公課グループ及び私債権グループへの配当

(1)　グルーピング基礎額

　国税及び地方税等並びに私債権につき、法定納期限等又は設定、登記、譲渡若しくは成立時期に古いものからそれぞれ順次に国税徴収法又は地方税法その他の法律の規定を適用して国税及び地方税等並びに私債権に充当すべき金額の総額をそれぞれ定める。

　このときC抵当権は仮登記設定であるが通常の抵当権と同様に取扱うことになる。

法定納期限等	平成30年 9月30日	E地方税	500万円
設定登記	平成30年10月31日	B抵当権	400万円
設定仮登記	平成31年 3月20日	C抵当権	200万円
法定納期限等	令和 元年 5月31日	D保険料	30万円
		計	1,130万円

(2) 租税公課グループの総額

E市長の地方税	500万円
D年金事務所の保険料	30万円
計	530万円

(3) 私債権グループの総額

設定登記	平成30年10月31日	B抵当権	400万円
設定仮登記	平成31年 3月20日	C抵当権	200万円
		計	600万円

4　個々の租税公課への配当

　上記3で計算した租税公課に充てるべき配当総額530万円については、国税優先の原則若しくは差押先着手による国税の優先等の規定又は地方税法その他の法律のこれらに相当する規定により、順次国税及び地方税等に充てるものとする。

　このときD年金保険料は、乙土地に優先して差押を行なっているが地方自治法の定めにより租税に劣後するために配当を受けることはできない。

担保を徴した消費税	340万円
E市長による地方税	190万円
D 滞 納 保 険 料	0万円
計	530万円

5　個々の担保債付私債権への配当

　上記3で計算した私債権に充てるべき配当総額600万円は抵当権の設定されている順序に従い配当されることになる。

　このときCは抵当権設定が仮登記であるが、通常の抵当権と同様の取扱いにより配当が行われる。

　また配当にあたりX税務署長への債権現在額申立書の提出をしていないが、これについてはX税務署長が登記簿等による調査によりその設定が確認されているものと考えられるために下記の配当額になる。

設定登記	平成30年10月31日	B抵当権	400万円
設定仮登記	平成31年 3月20日	C抵当権	200万円
		計	600万円

解　説

〔第一問〕
問1

　滞納処分の基本的な手続である「差押解除ができる場合」に関する出題です。問題では第79条だけを取り上げていますが、出題の趣旨や解答用紙のスペースが35行あったことを考慮すれば、第79条以外の差押解除ができる場合も解答する必要があります。
　また差押解除の手続については問題での指示はありませんが解答の必要はあります。ただし正確記述ではなく、ある程度の内容は説明できていれば加点されることになります。

問2

　換価手続の中では一番重要な規定である売却決定に関する出題です。特に問題では財産を自動車と不動産に区別しています。これはおそらく2021年度の暴力団等の関係での法律改正を意識したものと想像され、これにより自動車は7日を経過した日、また不動産は21日を経過した日を模範解答としています。本試験では、これを21行でまとめることになっていました。
　売却決定の取消は、その規定が各所に分かれて存在するために、一般の受験生には正確な規定を23行の解答用紙に列挙するのは少々難しいかもしれません。したがって3～4項目程度の規定が箇条書で説明できていれば十分であり、さらに第112条を若干でも記述できていればこの問は合格点になります。

〔第二問〕
問1

　本問は国税徴収法第89条の2における参加差押をした税務署長による換価執行決定に関連する出題です。ここでは制度の趣旨（理由）が問われているので、滞納処分の迅速な執行がその目的であることを記述していることがポイントになります。
　また⑵では国税徴収法施行令第42条の2に換価執行制度の具体的な手続等が規定されておりこれを解答することになります。このときE市長は対象外になるためにこれを正しく判断しなければなりません。

問2

　滞納法人の換価の猶予に係る担保として代表取締役Aの個人財産に抵当権が設定されます。これは物上保証人に係る財産であることを考慮する必要があります。またこの財産には他にも抵当権が設定されており、さらにAは地方税や社会保険料も滞納しており、これらが滞納処分に際して法定納期限等、抵当権の設定日、また差押あるいは参加差押によりグルグル回りの状態になっているために国税徴収法第26条により具体的な配当額を計算することになります。
　なお本問では下記の点を考慮して配当額の計算をすることになります。

（注意事項）
- 2番抵当Cは仮登記設定による抵当権ですが、通常の抵当権と同様に取扱います。
- D年金事務所長の乙土地の鑑定料30万円は強制換価手続の費用、あるいは直接の滞納処分費には該当しないため配当の対象外です。
- 消費税は参加差押後に換価執行権決定により換価手続を行っていますが、換価の猶予による抵当権の設定であり担保を徴した国税として他の租税公課に優先します。
- 仮登記設定のC抵当権は債権現在額申立書その提出がありません。このような場合には税務署長は自らの調査により債権額を確認することとされているために、登記簿等によりその金額を確認済みと推定して配当額の計算を行います。
- 租税公課のグルーピングにはD年金に30万円の金額が分配されますが、具体的に配当額の計算に際しては、地方自治法の国税優先の規定により公課は租税に劣後するために配当はありません。

令和7年度 税理士試験
国税徴収法 過去問
令和4年度(第72回)

<解答・解説>

第72回(解答・解説編)

◆目標解答時間とボリューム・難易度

	目標解答時間	ボリューム	難易度
第一問	60 分	★★★☆☆	★★★☆☆
第二問	60 分	★★★★☆	★★★☆☆

◆解答作成の戦略

・第一問： 問1差押に関しては、国税徴収法第47条第1項第1号に督促を要する原則的な差押手続が規定されています。本問ではこれ以外の督促を必要としない緊急的な保全措置として国税徴収法、及び国税通則法規定される3項目に関して解答することになります。

問2国税の緩和制度の「滞納処分の停止」に関して、適用要件とその効果を記述することになります。令和4年4月施行により、滞納処分の停止の適用要件の第一番目の"無財産"に改正事項が加えられています。これにより「租税条約等の相手国等に対する共助対象国税の徴収の共助の要請による徴収をすることができる財産がないこと」という文言が追加されています。この点を明確に記述することがポイントになります。

・第二問： 問1無限責任社員としてB、C及びDの3名が第二次納税義務者になります。もしこの3名に誤りがあれば致命的ミスになります。特に中途退社したDについて退社後に滞納が発生していますが、退社後2年以内の告知により第二次納税義務が生ずることがポイントになります。

問2は清算人等の第二次納税義務と無償低額の第二次納税義務の両者が関連していることに注意しなければなりません。このとき清算人Fは残余財産の分配手続を執行し、自らも株主として残余財産の分配を受けていますが、このようなときには分配した方の金額500万円(Hの債務免除100万円は含まない)がFの第二次納税義務の限度額になります。

問3は自らが全額出資して設立した法人の債務保証を原因として求償権を取得し、これを後に放棄しているので債務の免除等を理由に、J株式会社に無償又は著しい低額による譲受人等の第二次納税義務が発生します。解答の記述には日付や金額なども含めることが理想です。

〔第一問〕
問1

　下記に掲げる場合には、徴収職員はその国税につき、督促を要することなく、その者の財産を差し押えることになる。

1　繰上請求に係る国税

　　納付すべき税額の確定した国税で、その納期限までに完納されないと認められるものがあるときに、納税者に強制換価手続が開始されたとき（仮登記担保の実行通知がされたときを含む。）、納税者が死亡した場合において、その相続人が限定承認をしたとき、法人である納税者が解散したとき、その納める義務が信託財産責任負担債務である国税に係る信託が終了したとき（信託の併合によって終了したときを除く。）、納税者が納税管理人を定めないで、国内に住所及び居所を有しないこととなるとき、あるいは納税者が偽りその他不正の行為により国税を免れ、若しくは免れようとし、若しくは国税の還付を受け、若しくは受けようとしたと認められるとき、又は納税者が国税の滞納処分を免れ、若しくは免れようとしたと認められる場合には、税務署長はその納期限を繰り上げ、その納付を請求することができる。

　　さらにその請求に係る期限までにその国税が完納されないときは、徴収職員は、滞納者の国税につき督促を要しないで、その財産を差し押えなければならない。

2　繰上保全差押に係る国税

　　納税者が法定申告期限前に、強制換価手続が開始されたとき（仮登記担保の実行通知がされたときを含む。）、納税者が死亡した場合において、その相続人が限定承認をしたとき、法人である納税者が解散したとき、その納める義務が信託財産責任負担債務である国税に係る信託が終了したとき（信託の併合によって終了したときを除く。）、納税者が納税管理人を定めないで、国内に住所及び居所を有しないこととなるとき、あるいは納税者が偽りその他不正の行為により国税を免れ、若しくは免れようとし、若しくは国税の還付を受け、若しくは受けようとしたと認められるとき、又は納税者が国税の滞納処分を免れ、若しくは免れようとしたと認められる場合には、税務署長は、その確定すると認められる国税の金額のうち、その徴収を確保するため、あらかじめ滞納処分を執行することを要する金額を繰上保全差金額として決定し、その金額を限度として、その者の財産を直ちに差押えることができる。

3　保全差押に係る国税

　　納税義務があると認められる者が不正に国税を免れ、又は国税の還付を受けたことの嫌疑に基づき、国税通則法の規定による差押、記録命令付差押若しくは領置又は刑事訴訟法の規定による押収、領置若しくは逮捕を受けた場合において、その処分に係る国税の納付すべき額の確定後においては、その国税の徴収を確保することができなと認められるときは、税務署長は、その国税の納付すべき額の確定前に保全すべき金額を保全差押金額として決定し、その金額を限度として、その者の財産を直ちに差押えることができる。

問2

1 滞納処分停止の要件

　税務署長は、滞納者につき次のいずれかに該当する事実があると認めるときは、滞納処分の執行を停止することができる。

(1) 滞納処分の執行及び租税条約等の相手国等に対する共助対象国税の徴収の共助の要請による徴収（以下「滞納処分の執行等」）をすることができる財産がないとき

(2) 滞納処分の執行等をすることによってその生活を著しく窮迫させるおそれがあるとき

(3) その所在及び滞納処分の執行等をすることができる財産がともに不明であるとき

2 滞納処分の効力

(1) 滞納処分の禁止

　税務署長は滞納処分の停止をしたときは、その停止期間内はその停止に係る国税につき新たな差押えをすることができない。

　また上記1(2)の生活を著しく窮迫させるおそれがあることを理由に、滞納処分の執行を停止した場合において、その停止に係る国税について差押えた財産があるときは、その差押を解除しなければならない。

(2) 納税義務の消滅

① 3年間継続の場合

　滞納処分の執行を停止した国税を納付する義務は、その執行の停止が3年間継続したときは消滅する。

② 即時消滅の場合

　上記1(1)の滞納処分の執行等をすることがきる財産がないことを理由に滞納処分の執行を停止した場合において、その国税が限定承認に係るものであるとき、その他その国税を徴収することができないことが明らかであるときは、税務署長は上記①に係わらず、その国税を納付する義務を直ちに消滅させることができる。

(3) 時効の進行

　滞納処分の執行を停止した場合は、その停止期間内においても、その停止に係る国税の徴収権の消滅時効は進行する。

(4) 延滞税の免除

　滞納処分の執行の停止をした場合には、その停止をした国税に係る延滞税のうち、その停止をした期間に対応する部分の金額相当額は免除される。

〔第二問〕
問1

1　適用される第二次納税義務

　当該事例における滞納者のA社は社員を税理士に限定した、会社法上の合名会社に準ずる特別法人である。このことから滞納国税の徴収には、国税徴収法第33条による「合名会社等の社員の第二次納税義務」を適用することができる。これにより無限責任社員としてB，C及びDに滞納国税の全額の連帯納付義務が発生する。

2　徴収方途

　税理士法人であるA社は合名会社に準ずる特別法人であり、令和元年5月期消費税及び地方消費税の確定申告分1,000,000円を滞納しており、すでに活動を停止しその事業再開の目途もない状態である。

　このような場合にはA社の無限責任社員が第二次納税義務として、A社の滞納国税を納付する義務を負うことになる。当該事例では社員B、C及びDにこの第二次納税義務が発生することになる。

3　徴収範囲

　(1)　設立時からの社員B

　　設立時からの社員であるBは、A社の令和元年5月期に発生した消費税及び地方消費税の確定申告分1,000,000円につきその全額の納付義務を負うことになる。

　(2)　途中入社した社員C

　　社員Cは令和3年4月1日に新たに社員となっており、滞納国税の法定納期限時点では社員ではない。しかしながら国税徴収法では社員となる以前に生じた滞納国税についても無限責任社員としての納付義務があるとされている。このことからA社の令和元年5月期に発生した滞納消費税及び地方消費税の確定申告分1,000,000円につきその全額の納付義務を負うことになる。

　(3)　中途退社した社員D

　　社員Dは設立時には社員であったが、令3年10月31日付で退社しており、滞納国税の法定納期限時点にはすでに社員ではない。しかしながら国税徴収法では無限責任社員にも退社前に納税義務の成立した滞納国税について第二次納税義務を負うものとしている。ただしこの場合には退社後2年以内に第二次納税義務に関する告知を行う必要があり、現時点である令和4年8月にDに対して告知を行うことにより徴収は可能である。

　　これにより退社した社員Dも令和元年5月期に発生した消費税及び地方消費税の確定申告分の金額1,000,000円の全額につき、その納付義務を負うことになる。

　(4)　連帯納付義務

　　上記社員のB、C及びDは個々に1,000,000円の第二次納税義務を負うが、これらについては連帯納付義務がある。

問2

1　適用される第二次納税義務

　　E社は令和2年3月期の確定申告分の法人税3,000,000円を滞納したままの状態で、令和4年3月31日に解散の決議を行い、その残余財産の分配を進めている。このような場合には国税徴収法第34条による「清算人等の第二次納税義務」の適用により、清算人F及び残余財産の分配等を受けたG、また債務免除を受けているHには国税徴収法第39条の「無償又は著しい低額の譲受人等の第二次納税義務」の適用により、その滞納法人税を負担させることになる。

2　徴収方途

　　E社は令和2年3月期の法人税を滞納している状態で、令和4年3月31日に解散手続によりその残余財産の分配等を行っている。これにより現在E法人は滞納処分が執行可能な財産を有しない状態になっている。

　　このような場合には清算人F、及び残余財産の分配等を受けたGには清算人等の第二次納税義務、また債務免除を受けたHには無償又は著しい低額の譲受人等の第二次納税義務の各規定により、それぞれを第二次納税義務者として、E社の滞納法人税を納付させることができる。

3　徴収範囲

(1)　清算人F

　　解散の決議により清算人の選任されたFは残余財産の分配または引渡をした財産の価額を限度に第二次納税義務を負うことになる。このため分配等をした金額が現金2,000,000円、解約定期預金3,000,000円であり総額5,000,000円となることから、滞納法人税3,000,000円全額の第二次納税義務を負うことになる。

(2)　残余財産の分配を受けたG

　　会社設立時の出資者であったGは、E社解散により残余財産の分配として、定期預金の解約により3,000,000円を受取っているので、この価額を限度としてE社の滞納法人税3,000,000円の第二次納税義務を負うことになる。

(3)　債務免除を受けたH

　　債務者HはE社の解散に伴い、E社の滞納法人税の法定納期限である令和2年5月31日後に、その債務額1,000,000円の債務免除を受けており、国税徴収法では滞納国税の法定納期限の1年前の日以後に無償又は著しい低額の譲渡等があれば第二次納税義務により徴収が行われる。

　　このときHはFの友人でありE社の特殊関係者ではないために、E社の滞納法人税の金額である3,000,000円のうちEが現に存する1,000,000円についてのみ第二次納税義務を負うことになる。

問3

1 適用される第二次納税義務

　居住者Ｉは自らが出資するＪ株式会社の債務保証を原因とする担保処分により、その債務を弁済し、これにより取得した求償権を後にＪ株式会社の金融支援を理由に放棄している。この求償権の放棄は国税徴収法第39条の「無償又は著しい低額の譲受人等の第二次納税義務」に該当することになり、Ｊ株式会社は居住者Ｉの滞納となっている所得税について第二次納税義務を負うことになる。

2 徴収方途

　居住者ＩはＪ株式会社の債務保証を原因として、その担保財産である土地を令和2年3月31日に売却している。居住者Ｉは、これにより令和2年に所得税15,000,000円の納税義務が発生したが、これが滞納となっている状況である。その後、居住者Ｉはこの債務保証によりＪ株式会社に対して取得した求償権を令和3年10月31日に事業再生による金銭支援を理由に放棄している。

　国税徴収法第39条によれば法定納期限の1年前の日以後に無償又は著しい低額による譲渡等を行い、これを原因として滞納者に滞納処分を執行すべき財産を有しない状態になっている場合には、その無償譲受等を受けた者に、無償又は著しい低額の譲受人等の第二次納税義務を負わせることができるとされている。

　したがって当該事例では、居住者Ｉの滞納所得税の法定納期限である令和3年3月15日の1年前の日以後である令和3年10月31日に、Ｊ株式会社に対する求償権の放棄をしているために、Ｊ株式会社を第二納税義務者として居住者Ｉの滞納所得税を負担させることになる。

3 徴収範囲

　Ｊ株式会社は求償権の放棄を受けたことを理由に第二次納税義務者となり、Ｊ株式会社は居住者Ｉが全額出資して設立した法人であるために特殊関係者に該当することになる。このためにＪ株式会社は居住者Ｉの滞納所得税15,000,000円のうち、その債務免除を受けた時点での評価金額10,000,000円を限度にして第二次納税義務を負うことになる。

解説

〔第一問〕

問1

　差押に関する基本的な出題であり、解答すべき項目は繰上請求、繰上保全差押さらに保全差押の3項目です。国税徴収法の第47条では基本的差押の規定がありますが、さらに国税徴収法では保全差押、国税通則法では繰上請求と繰上保全差押が督促を必要としない差押として規定されています。したがってこれらの3項目の内容について簡素かつ正確な記述しなければなりません。。

問2

　滞納処分の停止は令和4年度の出題予想の最右翼であり、多くの受験生が完璧な理論暗記をして受験に臨んだものと想像されます。

　滞納処分の停止の出題は平成27年以来7年ぶりですが、令和4年4月に改正事項として滞納処分の要件である"無財産"に「租税条約等の相手国等に対する共助対象国税の徴収の共助の要請による徴収」という規定が加わっており、この記述の有無により得点に差が出るものと考えられます。

　解答では要件と効果についての説明とあるため"滞納処分停止の取消"については記述の必要はありません。

〔第二問〕

　3項目の事例問題ですが、いずれも極めて基本的な内容であり、それぞれの第二次納税義務は容易に判断ができるはずです。問題では適用方途と徴収できる範囲としているので、適用方途には成立要件と具体的な第二次納税義務者を徴収できる範囲にはその限度額を記述することになります。出題者は第二次納税義務の成立要件よりも、誰にどれほどの限度額が発生するかを題意としていると思われます。したがって、この点を考慮して解答の記述をする必要があります。

　また解答用紙の行数が各設問により異なるために、解答の分量にも考慮しなければなりません。

問1

　税理士法人は合名会社の類する法人であることから、滞納が発生していれば合名会社等の無限責任社員の第二次納税義務が発生することになります。

　本問ではこの無限責任社員につき中途入社した者、あるいは中途退社した者につき第二次納税義務発生の判断をさせることを題意としています。結果的には3名いずれの社員も第二次納税義務者となり、これを明確に記述する必要があります。

問2
　法人の解散による残余財産の分配に関連して、清算人等の第二次納税義務と無償又は著しい低額の譲受人等の第二次納税義務を解答します。このとき清算人等の第二次納税義務では清算人と残余財産の分配等を受けた者の第二次納税義務の範囲に注意する必要があります。
　また友人Hは清算人等の第二次納税義務ではなく無償又は著しい低額の譲受人等の第二次納税義務としてFとGとは区別をして解答することになります。

問3
　問題文の前半では、いずれの第二次納税着義務が発生するかは不明です。しかし後半におい求償権の放棄を行っており、これにより無償または著しい低額の譲受人等の第二次納税義務が発生していることが判断できます。答案には求償権を放棄した日付や滞納所得税の法定納期限の日付、あるいは滞納国税と求償権の評価額の金額比較なども明確に記載する必要があります。

令和7年度 税理士試験
国税徴収法 過去問
令和5年度(第73回)

<解答・解説>

第73回（解答・解説編）

◆目標解答時間とボリューム・難易度

	目標解答時間	ボリューム	難易度
第一問	80 分	★★★★★	★★★★☆
第二問	40 分	★★☆☆☆	★★☆☆☆

◆解答作成の戦略

・第一問：解答に際しては平易な出題である共同的な第二次納税義務と納税の猶予の取消しから記述から行うことになります。問2の不服申立ての違法性の承継などは暗記ではなく法律の背景を記述する問題ですが簡単な記述ができたかを点検してください。問3の消滅時効は時系列図を書きながら完成猶予等を考慮してその日付を求めることになります。不服申立関係は、多くは苦手とする範囲ですから、第一問ではこれ以外の問題の記述が重要です。

・第二問：譲渡担保権者の物的納税責任に関する国税徴収法施行令第9条に関する出題です。問題文により譲渡担保に関する出題であることは容易に判断できます。さらにXとY税務署さらにZ県税事務所の差押えと交付要求が譲渡担保に交錯していることから、差押先着手の特例により配当金額を求めることになります。事例全体は難しいものではありません。したがって、最終的な配当金額の正解が合格答案の必須条件になると考えてください

〔第一問〕

問1

(1)

1. 共同的な事業者の第二次納税義務者
   (1) 成立要件
   　次のすべての要件に該当するときは、その滞納に係る国税につき第二次納税義務を負う。
   ① 次に掲げる者が、納税者の事業の遂行に欠くことができない重要財産を有していること
   　イ) 納税者が個人である場合
   　　その者と生計を一にする配偶者その他の親族でその納税者の経営する事業から所得を受けているもの
   　ロ) 納税者が同族会社である場合
   　　その判定の基礎となった株主又は社員
   ② 重要財産に関して生ずる所得が納税者の所得となっていること
   ③ 納税者が重要財産の供されている事業に係る国税を滞納していること
   ④ 滞納者の国税につき滞納処分を執行してもなおその徴収すべき額に不足すると認められること
   (2) 第二次納税義務の責任の限度
   ① 納税者が個人の場合
   　その者と生計を一にする配偶者その他の親族でその納税者の経営する事業から所得を受けているものが、その有する事業の遂行に欠くことができない重要財産(取得財産を含む。)を限度としてその責任を負う。
   ② 納税者が同族会社の場合
   　同族会社の判定の基礎となった株主又は社員が、その有する事業の遂行に欠くことができない重要財産(取得財産を含む。)を限度としてその責任を負う。

(2)

2. 不服申立てと国税の徴収の関係

(1) 執行不停止の原則

国税に関する法律に基づく処分に対する不服申立ては、その目的となった処分の効力、処分の執行又は手続の続行を妨げない。

ただし、その国税の徴収のため差し押えた財産の滞納処分による換価は、その財産の価額が著しく減少するおそれがあるとき、又は不服申立人から別段の申出があるときを除き、その不服申立てについての決定又は裁決があるまで、することができない。

(2) 再調査の請求の場合の執行停止等

① 徴収の猶予又は滞納処分の続行の停止

再調査審理庁又は国税庁長官は、必要があると認めるときは、再調査の請求人等の申立てにより、又は職権で、不服申立ての目的となった処分に係る国税の全部若しくは一部の徴収を猶予し、若しくは滞納処分の続行を停止し、又はこれらを命ずることができる。

② 差押の猶予又は解除

再調査審理庁又は国税庁長官は、再調査の請求人等が、担保を提供して、不服申立ての目的となった処分に係る国税につき、滞納処分による差押えをしないこと又は既にされている滞納処分による差押えを解除することを求めた場合において、相当と認めるときは、その差押えをせず、若しくは差押えを解除し、又はこれらを命ずることができる。

(3)

3. 納税の猶予の取消事由と手続

(1) 取消事由

納税の猶予を受けた者が次のいずれかに該当する場合には、税務署長等は、その猶予を取り消すことができる。なお②、④については、税務署長等がやむを得ない理由があると認めるときを除く。

① 繰上請求のいずれかに該当する事実がある場合に、その者がその猶予に係る国税を猶予期間内に完納することができないと認められるとき

② 分割納付の各納付期限ごとの納付金額をその納付期限までに納付しないとき

③ その猶予に係る国税につき提供された担保について、税務署長等がした担保の変更等の命令に応じないとき

④ 新たにその猶予の係る国税以外の国税を滞納したとき

⑤ 偽りその他不正な手段によりその猶予又はその猶予の期間の延長の申請がされ、その申請に基づきその猶予をし、又はその猶予期間の延長をしたことが判明したとき

⑥ 上記①から⑤を除き、その者の財産の状況その他の事情の変化により、猶予の継続が適当でないと認められるとき

(2) 手　続
　①　弁明の聴取
　　　税務署長等は、上記(1)により納税の猶予を取り消す場合には、繰上請求の要件に該当する事実があるときを除き、あらかじめ、その猶予を受けた者の弁明を聞かなければならない。ただし、その者が正当な理由がなくその弁明をしないときは、この限りではない。
　②　通　知
　　　税務署長等は、納税の猶予を取り消したときは、その旨を納税者に通知しなければならない。

問2

(1) 趣旨（理由）及び、滞納処分の違法性の承継

　滞納処分の不服申立等の期限の特例規定は、滞納処分の安定を図り、かつ換価手続により権利を取得し、又は利益を受けた者の保護を図ることを趣旨とするものである。

　また、この不服申立等の期限の特例規定は、滞納処分手続における先行の督促又は差押処分の違法性がその後における差押え、換価又は配当処分に承継されために、この不服申立等の期間特例を設けることにより、実質的にその承継を断ち切ることを目的とするものでもある。

(2) 不服申立て等の期限の特例に関する規定

　滞納処分について次に掲げる処分に関して欠陥があることを理由としてする不服申立ては、災害等による期限の延長の規定又は原則に定める不服申立期間を経過したもの、及び国税に関する処分についての不服申立ての規定による審査請求を除き、それぞれに掲げる期限まででなければ、することができない。

　①　督　促
　　　督促に関する不服申立ては、差押に係る通知を受けた日（その通知がないときは、その差押があったことを知った日）から3月を経過した日
　②　不動産等についての差押
　　　不動産等についての差押に関する不服申立ては、その公売期日等
　③　不動産等についての公売公告から売却決定の処分
　　　不動産等についての公売公告から売却決定までの処分に関する不服申立ては、換価財産の買受代金の納付期限
　④　換価代金等の配当
　　　換価代金の配当に関する不服申立ては、換価代金等の交付期日

問3

1. 国税の徴収権の消滅時効に及ぼす影響
   (1) 督促が行われた場合 … ①の事由
   　　国税の徴収権の時効は、督促状を発した日から起算して10日を経過した日までの期間は完成が猶予され、その期間を経過したときに新たにその進行を始める。
   (2) 換価の猶予の申請がされた場合 … ②の事由
   　　国税の徴収権の時効は、換価の猶予の申請により更新され、その猶予がされている期間内は、時効は進行しない。また、この猶予期間が経過した時から新たに時効が進行することになる。
   (3) 交付要求が行われた場合 … ③の事由
   　　国税の徴収権の時効は、交付要求によりその完成が猶予され、その交付要求による配当があるまで継続し、その期間を経過した時から新たにその進行を始めることになる。ただし滞納者が交付要求がされていることを知り得ない期間があれば、これを知り得た日をもって完成猶予が開始される日となる。

2. 甲の滞納国税の徴収権を行使できなくなる日
   (1) 徴収権が行使できなくなる日：令和10年11月1日
   (2) 理由
   　　納税者甲から換価の猶予の申請が令和5年5月15日に行われていることから、この日に時効の進行は更新される。その後、換価の猶予を令和5年5月15日から同年10月31日まで適用を受けることになるが、この期間は徴収権の時効は進行せずに不停止となる。
   　　その後、換価の猶予の期限までに猶予国税の納付ができないために、換価の猶予期限である10月31日の翌日である令和5年11月1日に時効が更新され、新たに時効期間が開始される。これにより令和5年11月1日から5年後の令和10年10月31日までは徴収権が存在するが、翌日の11月1日にはその徴収権は消滅することになる。

〔第二問〕
問1

1. 要件

　本事例では、次のすべての要件に該当するために、納税者甲の所轄税務署Xでは譲渡担保財産である機械設備から納税者甲の令和4年度分の滞納消費税200万円を徴収することができる。

⑴　納税者甲が令和4年度分の消費税200万円を滞納している

⑵　納税者甲が借入に伴い知人乙に譲渡した機械装置が、その譲渡により担保の目的となっている（以下「譲渡担保財産」という。）

⑶　納税者甲の財産につき滞納処分を執行してもなお徴収すべき国税に不足すると認められる

⑷　この譲渡担保の設定が甲の滞納消費税の法定納期限等である令和5年2月28日後の令和5年6月1日にされている

2. X税務署長が行った参加差押えの有用性

　X税務署長が令和5年9月4日に譲渡担保権者乙へ告知を行っており、その後令和5年9月7日に債務不履行により譲渡担保財産の所有権が甲から乙に移転している。このような場合であってもX税務署長が乙に対して告知書を発した日から10日を経過した日までに滞納消費税が完納されない場合には、譲渡担保権者乙を第二次納税義務者とみなして、譲渡担保財産に滞納処分が執行できる。

問2

1. 差押先着手による優先の特例

　譲渡担保財産である機械装置について、譲渡担保設定者である甲の滞納消費税と譲渡担保権者である乙の滞納消費税さらに乙の地方税が競合しており、譲渡担保財産が譲渡担保権者乙の滞納消費税によりY税務署に差押えされ、それぞれ甲の消費税と乙の地方税が参加差押えを行っている。

　このような場合には国税徴収法施行令第9条の差押先着手による国税の優先の特例の規定によりY税務署における差押はなかったものとみなし、設定者である甲の滞納消費税につき、譲渡担保財産である機械装置がX税務署により差押えられたものとみなす。

　この場合においては譲渡担保権者乙の滞納消費税と地方税は、差押をしたものとみなされるX税務署に対して交付要求があったものとされる。

2. 換価代金の配当金額

　上記により譲渡担保財産の換価代金500万円は下記の通り配当されることになる。

（配当金額）
　　第1順位　X税務署長に係る甲の消費税　　200万円
　　第2順位　Y税務署長に係る乙の消費税　　300万円
　　第3順位　Z県税事務所長に係る乙の地方税　　0
　　　　　　　計　　　　　　　　　　　　　500万円

解　説

〔第一問〕

問1

(1) 共同的な事業者の第二次納税義務者

　事業遂行上の重要財産が納税者の親族、または納税者の出資した同族会社に保有されていることがあります。このような場合には納税者の滞納国税について、その財産に滞納処分をすることができません。そこで、国税徴収法第37条において「共同的な事業者の第二次納税義務」の規定を設けて、その徴収を可能としています。

　解答にあたっては、この共同的な事業者の第二次納税義務の成立要件として、事業遂行に欠くことができない重要財産を個人、あるいは同族会社の誰が保有するかを明確に記述する必要があります。また責任範囲については、当然ながらこの事業の遂行に欠くことができない重要財産を限度にすることになります。

(2) 不服申立てと国税の徴収の関係

　国税に関する不服申立てが行われ、その処分の執行を停止すると、いわゆる行政処分の執行に支障が生ずることになります。また、逆に執行の停止を認めなければ、不服申立人の権利の回復ができなくなってしまうことが考えられます。そこで国税通則法第105条において「執行不停止の原則」という規定を設けています。また、より詳細に、再調査の請求の場合の執行停止等、あるいは審査請求の場合の執行停止等についても定められています。

　解答に際しては23行という限られたスペースしかないために、国税通則法第105条第1項の執行不停止の原則、さらに問題に指示されている再調査の請求の場合の執行停止等が簡単に記述されていればよいでしょう。

(3) 納税の猶予の取消事由と手続

　緩和規定の代表である納税の猶予に関する出題です。しかし、その内容は3項目ある猶予の要件等ではなく、猶予の取消事由に関する内容です。要件等については理論暗記を進めていた受験生が多いものと思われます。しかし取消事由について、さらにその手続ということになれば解答には苦慮せざるを得ません。取消事由が全部で6項目ありますが、多くはこれまでの学習の中で触れている常識的な理由であるための何らかの記述はできるはずです。

　なお、取消手続については納税者からの弁明の聴取を基本としていますので、この点が記述できているかどうかを点検してください。

問2

　国税徴収法第171条では、滞納処分の一連の手続として督促から換価代金等の配当までについて不服がある場合の申立期限を規定しています。これは滞納処分の安定化や換価手続により権利の取得等を受けた者を保護するために設けられた規定です。

　具体的に第171条では、督促、不動産等についての差押、不動産等についての公売公告から売却決定までの処分、さらに換価代金等の配当までについて個別にその申立期間を定めている

ので、これらが正しく記述できているかどうかが解答のポイントになります。

また本問では滞納処分の違法性の承継についても解答が要求されています。この違法性の承継とは、滞納処分手続における先行の違法性は、その後における差押え、換価又は配当処分に引継がれるということです。ただし違法性の承継は、期限の特例を設けて不服申立てをさせることにより、実質的にこれを断ち切ることができます。

残念ながら、これについて正確な解答をすることができる受験生は皆無と思われますので、記述が無くても大きな減点に繋がることはありません。

問3

国税通則法の時効に関する規定に改正があり令和2年4月1日から施行がされています。今回の出題は若干の期間は経過していますが、この改正関連の出題と考えることができます。本問はこれらを具体的な説明とともに、時効完成により徴収権が消滅する具体的な日付を求める問題です。

1. 徴収権の消滅時効に及ぼす影響

(1) 督促が行われた場合の時効完成猶予と更新

督促は時効の完成猶予の要因になります。このとき完成猶予は督促状を発した日から起算して10日を経過した日までです。本問では、この督促状の発送された日とは別に、滞納者に督促状が送達された日付が示されていますが、これは考慮する必要はありません。

(2) 換価の猶予の申請に係る時効の中断と不進行

換価の猶予の適用は税務署長の職権による場合と滞納者からの申請による場合があります。このうちの滞納者の申請による場合は、その申請により時効は更新され、さらに猶予期間内は時効の進行することはありません。さらに、その後猶予期間の満了に伴い時効が更新されます。

(3) 交付要求による時効完成猶予と更新

交付要求にも時効の完成猶予の効力があります。このとき時効の完成猶予される時期は交付要求が行われたときです。しかし本問では交付要求通知書が返戻されているために、改めて交付要求通知書が滞納者に交付された7月12日が時効の完成猶予の始期とされます。

2. 徴収権が行使できなくなる日

換価の猶予の申請により令和5年5月15日に時効が更新され、その後同年5月15日から同年10月31日までは時効は進行せず不停止となります。その後、換価の猶予の期限までに猶予国税の納付ができないために猶予期限の翌日である令和5年11月1日に時効が更新され、令和5年11月1日から5年後の令和10年10月31日までは徴収権が存在し、翌日の令和10年11月1日にはその徴収権が消滅することになります。

〔第二問〕
問1
　本問では、まず譲渡担保財産の物的納税責任について一般的な要件が問われています。解答にあたっては、事例に沿って税目や日付さらに財産の種類、また譲渡担保設定者等の具体的な名称などを使いながら記述を進めた方が事例問題の解答として望ましい内容になります。
　さらに本問ではもう一点、X税務署長の行った参加差押の有効性についても問われています。これは譲渡担保財産が債務不履行によりその所有権が譲渡担保設定者から譲渡担保権者に移転したとしても、告知等の手続が行われていれば譲渡担保権者を第二次納税義務者とみなして譲渡担保財産に対する滞納処分の執行が可能であるということを解答することになります。

問2
　事例問題として3つの租税の配当金額が問われています。本問では譲渡担保財産に対して差押や参加差押えが競合しています。このような場合には国税徴収法施行令第9条において差押先着手、交付要求先着手の特例に関する規定が設けられています。
　したがって、この特例により、まず第1順位は譲渡担保設定者甲の消費税の参加差押えをしていますが差押えをしたものとみなされます。さらに第2順位は譲渡担保権者乙の消費税が差押えをしていますが交付要求をしたものとみなされことになります。残念ながら乙県税事務所の参加差押は、換価代金の金額の事情により配当を受けることはできないことになります。

令和7年度　税理士試験
国税徴収法　過去問

令和6年度(第74回)

<解答・解説>

第74回(解答・解説編)

◆目標解答時間とボリューム・難易度

	目標解答時間	ボリューム	難易度
第一問	60分	★★★★★	★★★☆☆
第二問	60分	★★★★☆	★★★★☆

◆解答作成の戦略

- **第一問**：まずは3題の出題内容と配点、また解答用紙の分量を確認してください。出題の内容は平易ですから、いずれの問題からの記述でも構いません。しかし、問題により解答量に差があるので時間配分には十分に注意してください。時間の掛け過ぎは禁物です。
先ずは問1で無償低額の第二次納税義務の趣旨が問われています。要件等についての記述は不要ですから、この制度が設けられた理由を簡潔に記述してください。
問2の納税の猶予は災害を原因とする第1項と第2項の概要についての相違点を問うていますから、要件を中心にして効果などを解答することになります。
また、問3は配当金額に関する問題です。今回は第一問ということもあり、あまり多くの記述は必要なく、正しい金額を解答することが重要です。

- **第二問**：本問では事業分割が事業譲受の第二次納税義務であることを判断することが重要な論点です。国税徴収法では過去に多くの第二次納税義務の出題がされています。しかし、今回初めて第二次納税義務が拡張されて他の第二次納税義務に波及する出題が行われています。
これにより事業譲受の第二次納税義務が、無償低額の第二次納税義務と清算人等の第二次納税義務へと拡大していくことになります。無償低額や清算人等の第二次納税義務は問題文から簡単に読取ることができます。しかし根幹である事業譲受の第二次納税義務が正確に記述できていなければ合格答案ではありません。

〔第一問〕 －60点－

問1(1)

> 納税者が滞納処分を免れる目的でその財産を譲渡した場合、その譲渡が詐害行為にあたるときは、その行為を訴訟により取り消し、財産を納税者に復帰させて、滞納処分を執行することが考えられる。
>
> ただし、詐害行為を訴訟により取消すことは、迅速かつ簡易な徴収の確保の観点からは弊害がある。そこで、納税者が無償又は著しい低額で財産を処分したことにより、その徴収が確保できないときには、国税徴収法が独自にその納税義務を拡張して、その受益者を第二次納税義務者として滞納処分を執行することができるとしている。

問1(2)

> 滞納者の財産について滞納処分を執行した後、滞納者が死亡したときは、その財産につき滞納処分を続行することができる。
>
> 滞納者の死亡後その国税につき滞納者の名義の財産に対してした差押えは、その国税につきその財産を有する相続人に対してされたものとみなす。ただし、徴収職員がその死亡を知っていたときは、この限りでない。

問2(1)

> （1項猶予の概要）
>
> 　災害によりその財産に相当な損失を受け、その損失を受けた日以後1年以内に納付すべき国税で、災害の止んだ日以前に納税義務が成立した国税で、納期限が損失を受けた日以後に到来し、その申請日以前に納付すべき税額が確定している場合、その国税について猶予をするものである。
>
> （2項猶予の概要）
>
> 　災害が発生したことを原因として、その国税を一時に納付することが困難な状態である場合、納期限後であっても納税者からの申請があれば、納付が困難である金額を限度にして、担保の提供や分割納付などを条件にしてその納税を猶予するものである。これにより納税を緩和するとともに、滞納処分を行うことなくその徴収を円滑に行うことができる。

(各猶予の相違点)

　1項猶予は災害の発生が災害の止んだ日以前に納税義務が成立した国税で、納期限がその損失を受けた日以後に到来するもので、申請の日以前に納付すべき税額が確定していなければならないが、2項猶予は災害の発生の時期についての厳密な規定はないが、申告済みで納税額が確定していることや申請は必要とされている。

　これらの申請は、1項猶予は災害の止んだ日から2月以内に行う必要があるが、2項猶予ついては申請に関する期限の定めはない。また、猶予の対象となる金額は1項猶予はその全部又は一部であり、2項猶予は災害により被害を受けたことに基づき一時に納付することが困難と認められる金額とされている。

　それぞれの猶予期間は、1項猶予は原則的に猶予された国税の納期限から1年以内であり、その延長は認められない。これに対して2項猶予は原則1年であるが、さらに1年の延長も認められ、始期の定めもない。さらに2項猶予は分割納付や担保の提供も必要であるが、1項猶予はこの担保提供や分割納付の定めはない。

問2⑵

① 第三者が引渡しを拒否する場合の措置

　滞納者Xの動産である絵画等を第三者(滞納者の親族その他の特殊関係者を除く。)が占有する場合には、その第三者Aが引渡しを拒むときは、差押えることはできない。この場合には、その第三者Aに対して下記に説明する引渡命令により差押えが行われることになる。

② 引渡命令と通知

　第三者Aが滞納者Xの財産である絵画等を占有し、その引渡しを拒むときは、滞納者Xが他に換価が容易であり、かつ、その滞納に係る国税の全額を徴収することができる財産を有しないと認められるときに限り、Y税務署長はその第三者Aに対して、期限を指定して、その動産である絵画等を徴収職員に引渡すべきことを書面(引渡命令書)により命ずることができる。

　この場合、その命令をしたY税務署長は、その旨を滞納者Xに通知しなければならない。

③　引渡の期限

　　Y税務署の徴収職員への引渡しの期限は、引渡命令書を発する日から起算して7日を経過した日以後の日としなければならない。

　　ただし、第三者Aにつき繰上請求の事実が生じたとき、その他特にやむを得ない必要があると認められるときは、その期限を繰り上げることができる。

④　引渡による動産である絵画等の差押

　　次の場合には、Y税務署の徴収職員はその動産である絵画等を差押えることができる。

　イ　引渡命令に係る動産である絵画等が、徴収職員に引渡されたとき
　ロ　引渡命令を受けた第三者が、指定された期限までに徴収職員にその引渡しをしないとき

⑤　差押えの効力発生時期

　　引渡命令により第三者Aから動産である絵画等の引渡しを受けたときは、Y税務署の徴収職員がその絵画等を占有したときに差押えの効力が生ずる。

　　また、第三者Aに絵画等を保管させるときは、封印、公示書その他差押を明白にする方法により差押えた旨を表示した時に、差押えの効力が生ずる。

問3 (1)

①　事例の判断

　　本事例は国税徴収法第26条における国税及び地方税と私債権が競合している状況に該当するので、下記の方法で配当金額を計算する。

②　優先権が確定している債権等の先取り

　　換価代金2,000万円は、まず下記の順序により各項目に配当される。

　　　直接の滞納処分費　　　　　10万円

　　　不動産保存の先取特権　　100万円

③　租税公課グループ及び私債権グループへの配当

　　国税及び地方税並びに私債権（上記、不動産保存の先取特権を除く。）につき、法定納期限等又は設定、登記、譲渡若しくは成立の時期の古いものからそれぞれ順次に国税徴収法又は地方税法その他の法律の規定を適用をして国税及び地方税等並びに私債権に充てるべき金額の総額をそれぞれ定める。

F　地　方　税	法定納期限等	令和元年12月20日	300万円
A　抵　当　権	設　定　登　記	令和２年６月３日	700万円
B　国　　　税	法定納期限等	令和３年３月15日	400万円
E 県 地 方 税	法定納期限等	令和４年３月31日	490万円
		合　　計	1,890万円

　　租税公課グループ：300万円＋400万円＋490万円＝1,190万円

　　市民税グループ：700万円

④　個々の租税公課への配当額

　上記③で求めた国税及び地方税等に充てるべき金額の総額である1,190万円を、国税優先の原則若しくは差押先着手による国税の優先等の規定又は地方税法その他の法律のこれらに相当する規定により、順次国税及び地方税等に充てる。

B　国　　　税	差　押　登　記	令和４年１月15日	400万円
E 県 地 方 税	参　加　差　押	令和５年５月25日	500万円
F 市 地 方 税	参　加　差　押	令和５年10月10日	290万円
		合　　計	1,190万円

⑤　個々の担保権付私債への配当

　上記③で求めた私債権に充てるべき金額の総額700万円を、民法その他の法律の規定により順次私債権に充てる。

　　A　抵　当　権　　　設　定　登　記　　　令和２年６月３日　　　700万円

⑥　各債権額等への配当金額

直接の滞納処分費	10万円
不動産保存の先取特権	100万円
差押B国税	400万円
交付要求E地方税	500万円
交付要求F地方税	290万円
A抵当権	700万円
合　　計	2,000万円

問3(2)

① 事例の判断

　本事例は滞納国税の法定納期限等前後に複数の抵当権が設定されており、さらにこの不動産が譲渡されている。従って、国税徴収法第22条の担保権付財産が譲渡された場合の国税の徴収の規定を適用して配当金額を計算することになる。

② 徴収のための要件

　納税者がその国税の法定納期限等後に抵当権を設定した財産を譲渡しており、納税者に他に国税に充てるべき十分な財産がない場合、その譲渡された財産の強制換価手続において、その抵当権により担保される債権につき、その抵当権者が配当を受けるべき金額のうちから納税者の国税を徴収することができる。

　これにより滞納国税は抵当権により担保される債権のB、C及びDから徴収することができる。

③ 第一次配当金額

　民法により各抵当権には下記の金額が配当されると考えることができる。

　第1順位　　A抵当権　　　500万円
　第2順位　　B抵当権　　　400万円
　第3順位　　C抵当権　　　600万円
　第4順位　　D抵当権　　　300万円
　　　　合　計　　　　1,800万円　…残余：200万円（Yへの配当）

④ 第二次配当金額の計算

　上記②により抵当権B、C及びDから徴収することができる金額は、下記(イ)から(ロ)の金額を控除した額を超えることはできない。

(イ) 本来の配当金額

　　譲渡された財産の換価代金から担保権の被担保債権が配当を受けるべき金額
　　B抵当権　　令和5年6月15日設定登記　　400万円
　　C抵当権　　令和5年9月15日設定登記　　600万円
　　D抵当権　　令和5年9月30日設定登記　　300万円

(ロ) 仮定配当金額

　　譲渡された財産を納税者の財産とみなし、その財産の換価代金につき、譲渡人である納税者の国税の交付要求があったものとした場合に、担保権者がその被担保債権について配当を受けるべき金額

— 126 —

Ｂ抵当権　　　　令和５年６月15日設定登記　　　　400万円

　　　Ｃ抵当権　　　　令和５年９月15日設定登記　　　　400万円

　　　Ｄ抵当権　　　　令和５年９月30日設定登記　　　　　0万円

⑤　徴収することができる金額

　　Ｂ抵当権：　400万円－400万円＝　　0万円

　　Ｃ抵当権：　600万円－400万円＝　200万円

　　Ｄ抵当権：　300万円－　0万円＝　300万円　…　500万円 ≦ 700万円
　　　　　　　　　　　　　　　　　　―――――
　　　　　　　　　　　　　　　　　　500万円

⑥　各債権額等への配当金額

　　Ｘ滞納国税　　　　500万円

　　Ａ抵当権　　　　　500万円

　　Ｂ抵当権　　　　　400万円

　　Ｃ抵当権　　　　　400万円
　　　　　　　　　――――――
　　　合　計　　　　1,800万円　…残余金200万円（Ｙへの配当）

〔第二問〕　－40点－

1. 徴収の方法

　本問では法人の一部事業部門の新設分割、この新設分割された被支配会社が同一事業を引続き経営していること、また、分割後に分割法人の株式が代表者親族へ低額譲渡されていること、さらに新設分割法人の解散という事実が発生している。この状況の中でかつての事業年度の修正申告に係る消費税が滞納となり徴収困難となっている。

　これらを総合的に判断し、先ずＡ社の保有するＢ社株式の代表者親族への低額譲渡について無償又は著しい低額の譲受人等の第二次納税義務、次にＡ社から新設分割したＢ社に関して事業を譲受けた特殊関係者の第二次納税義務、さらにこの新設分割したＢ社が解散しているため、清算人等の第二次納税義務を関連付けて、Ａ社の滞納国税の徴収することになる。

2. 無償又は著しい低額の譲受人等の第二次納税義務
　(1) 適用要件
　　　滞納者であるＡ社は、その有するＢ社株式を滞納消費税の法定納期限である令和４年２月28日の１年前の日以後である令和５年３月１日に、時価相当額400万円の半額である200万円によりＡ社の代表者親族のＲとＳに譲渡を行い、これによりＲとＳに利益を与える処分を行っている。
　　　また、この著しい低額のよる株式の譲渡を行った滞納者であるＡ社は、廃業を予定しており、既に滞納処分を執行することができる財産を有していない。
　　　上記のような事情を勘案すれば国税徴収法第39条の無償又は著しい低額の譲受人等の第二次納税義務を適用することができる。
　(2) 具体的な第二次納税義務者
　　　本問において無償又は著しい低額の譲受人等の第二次納税義務を負う者はＡ社から株式の著しい低額による譲渡を受けた者であるＲ及びＳになる。
　(3) 第二次納税義務の範囲
　　　第二次納税義務の具体的な限度については、株式の譲渡を受けた者が滞納者であるＡ社の代表者Ｐの長男と次男という特殊関係者であることから、低額譲渡により受けた時価相当額400万円と譲渡代金200万円の差額である200万円をそれぞれ限度にして、ＲとＳが具体的な第二次納税義務を負うことになる。

3. 事業を譲受けた特殊関係者の第二次納税義務の適用
　(1) 適用要件
　　　滞納者であるＡ社は、その事業の一部である飲食業部門を新設分割という方法で全額出資したＢ社に、Ａ社の滞納消費税の法定納期限である令和４年２月28日の１年前の日後である令和４年10月１日に譲渡している。また、Ｂ社は引続き譲受けた同一事業を継続して営業していた。さらにＡ社は譲渡した飲食業部門に係る修正申告分の消費税を滞納している。
　　　Ａ社に滞納処分を執行することができる財産が存在しないことから、上記の事情を考慮すれば、Ｂ社に対して国税徴収法第38条の事業を譲受けた特殊関係者の第二次納税義務を適用することが考えられる。
　(2) 具体的な第二次納税義務者
　　　Ａ社の滞納となっている消費税を第二次納税者として徴収することができるのは事業を譲受けた特殊関係者に該当する被支配会社であるＢ社になる。

⑶　第二次納税義務の範囲

　　B社の第二次納税義務の範囲はA社からの譲受財産を限度とすることができ、その金額は資産合計の 3,700 万円である。

　　ただし、徴収できる金額は滞納国税全額の 1,000 万円ではなく、事業を譲受けた飲食業に係る 400 万円の部分となる。

⑷　徴収の可否

　　上記によりB社からA社の滞納消費税を徴収することができるが、すでにB社は令和 6 年 4 月 30 日に解散しているため、その徴収をすることはできない。

4．清算人等の第二次納税義務

⑴　適用要件

　　B社は上記 3.の事業を譲受けた特殊関係者の第二次納税義務として課されるべきA社の滞納消費税を納付しないで解散している。これによりB社には既に滞納処分を執行することができる財産が無いことから、清算人及び残余財産の分配を受けた者は、国税徴収法第 34 条第 1 項の清算人等の第二次納税義務を負うことになる。

⑵　具体的な第二次納税義務者

　　本事例における清算人等の第二次納税義務を負う者は、清算人であるQと残余産の分配を受けたR及びSである。

⑶　第二次納税義務の範囲

　　清算人であるQは、B社の残余財産の分配を行った 600 万円の全額について、また、残余財産の分配を受けたR及びSについては、その分配を受けたそれぞれ 300 万円を限度に第二次納税義務を負うことになる。

解 説

〔第一問〕

問1

(1) 無償又は著しい低額の譲受人等の第二次納税義務の趣旨

　　無償又は著しい低額の譲受人等の第二次納税義務は、詐害行為の取消訴訟の煩雑さの解消や滞納処分の迅速化を背景としています。この規定は親族等に無償低額で財産を譲渡するなどにより滞納処分を回避する行為が行われた場合、この事実に鑑み財産を譲受けた者などを第二次納税義務者として、その受けた利益の額を限度に納税義務を拡張させた規定です。これを簡素に説明できているかを確認してください。

(2) 相続のあった場合の滞納処分の効力

　　国税徴収法第139条において相続における滞納処分の効力に関する規定が設けられています。本問はこの第139条の第1項と第2項を正確に記述することになります。基本的な出題であり、多くの受験生が完璧な記述ができたと思われます。

問2

(1) 災害の場合の納税の猶予

　　国税通則法第46条には問題にある通り災害により財産に損失を受けた場合において、2つの異なる緩和規定を設けています。これは納税義務が成立しており税額も確定している国税につきどのような状況により災害が発生したかにより適用を異にするものです。本問では、これらについて適用要件などを踏まえて概要として説明することになります。特に1項猶予は災害発生時や申請期限などが厳格に定められていますからこれらを正確に記述し、2項猶予は納期限後であっても寛容にその適用を認めている点を概要として説明することになります。また両者の相違点については猶予適用期間、申請期限、分割納付や担保提供などを解答することになります。

(2) 第三者が占有する動産の差押手続

　　第三者が動産である絵画等を占有しており、差押えにあたりその引渡しに応じない状況が発生しています。この場合には国税徴収法第58条の規定により、その財産の引渡しをさせてこれを差押えることができます。これらを第58条の一連の規定として記述することになります。また、この絵画等の差押の効力発生時期は、第三者からの財産の提供によりその引渡しを受けて占有が行われたときということになります。

　　本問は基本的な手続規定であり、受験生にとっては完璧な記述が求められる出題ということになります。

— 130 —

問3

(1) 第26条のぐるぐる回り

　問題に示された資料を時系列により考えれば第26条のぐるぐる回りが発生していることが容易に判断できます。従来は第26条のぐるぐる回りは第二問における出題が一般的でしたが、今回は第一問で、しかもこの後の第22条の担保権付財産の譲渡と一括して20点という配点での出題となっています。解答用紙も26行ということですから金額の説明を中心に行うことがポイントになります。

　事例内容に注意が必要となる部分はありませんが、強いて挙げれば不動産保存の先取特権が優先弁済を受けるということ、また、C抵当権は差押後のものであるために配当の対象にならないという点でしょう。本問は最終的な配当金額について、模範解答にある通りの完璧な金額の算出が要求されます。

(2) 第22条担保権付財産が譲渡された場合

　こちらに問題は(注1)として不動産の譲渡の記述があり、さらに譲渡前に複数の抵当権が滞納国税の法定納期限等前後に設定されているので第22条の担保権付財産が譲渡された場合の事例であると判断ができます。

　具体的な配当金額については、第一次配当と第二次配当により具体的な配当金額を求めることになります。なお、本問の問題文では「配当金額及び残余金の金額」としているので、この(2)では配当につき一部残余金が出てYへ配当されることに注意しなければなりません。

〔第二問〕

設例によれば下記の項目に注目して、どのような第二次納税義務が発生していることを判断することになります。

- A社から新設分割により設立した支配会社B社の存在
- B社のA社からの引継ぎ事業の継続営業
- A社保有のB社株式の代表者親族への低額譲渡
- B社の解散による残余財産の分配

設例により無償又は著し定額による譲受人等の第二次納税義務、また、清算人等の第二次納税義務が発生することは容易に想像ができます。さらに注目しなければならないのが、飲食業部門のA社からB社への新設分割であり、これが事業を譲受けた特殊関係者の第二次納税義務に該当する点です。

国税徴収法では、同一事案の滞納国税の徴収につき、異なる第二次納税義務の規定を

重複適用することができます。従って、本問では、先ずA社が行った代表者Pの親族であるRとSへの株式の低額譲渡につき、無償又は著しい低額の譲受人等の第二次納税義務を適用することになります。また、A社から事業を譲受け同一時事業の経営していたB社については、事業を譲受けた特殊関係者の第二次納税義務の適用が考えられます。さらにB社はすでに解散により残余財産の分配を完了させているので清算人等の第二次納税義を適用し、A社の滞納消費税の徴収について解答することになります。

解答の記述に関する順序については、上記に従い無償又は低額の第二次納税義務、事業譲受けの第二次納税義務、さらに清算人等の第二次納税義務というに順になります。

ただし、解答に当たり、事業譲受けた特殊関係者の第二次納税義務については、高度な知識を必要とする箇所であるために、解答が行われていなくても大きな減点はないと考えてください。

いずれの第二次納税義務も適用要件、具体的な第二次納税義務者、さらに第二次納税義務の範囲について事例に従い解答することになりますが、特に問題で指示されている通り徴収可能額については正確に金額を記述してあることがポイントになると考えてください。

· · · · · · Memorandum Sheet · · · · · ·

全経税法能力検定試験3科目合格はネットスクールにお任せ！

全経税法能力検定試験シリーズ ラインナップ

全国経理教育協会（全経協会）では、経理担当者として身に付けておきたい法人税法・消費税法・相続税法・所得税法の実務能力を測る検定試験が実施されています。

そのうち、法人税法・消費税法・相続税法の3科目は、ネットスクールが公式テキストを刊行しています。税理士試験に向けたステップに、経理担当者としてのスキルアップに、チャレンジしてみてはいかがでしょうか。

◆検定試験に関しての詳細は、全経協会公式ページをご確認下さい。

http://www.zenkei.or.jp/

全経法人税法能力検定試験対策

書名	判型	税込価格	発刊年月
全経 法人税法能力検定試験 公式テキスト3級／2級【第4版】	B5判	2,970円	好評発売中
全経 法人税法能力検定試験 公式テキスト1級【第4版】	B5判	4,400円	2025年6月発売

全経消費税法能力検定試験対策

書名	判型	税込価格	発刊年月
全経 消費税法能力検定試験 公式テキスト3級／2級【第3版】	B5判	2,750円	好評発売中
全経 消費税法能力検定試験 公式テキスト1級【第3版】	B5判	4,180円	好評発売中

全経相続税法能力検定試験対策

書名	判型	税込価格	発刊年月
全経 相続税法能力検定試験 公式テキスト3級／2級【第3版】	B5判	2,750円	好評発売中
全経 相続税法能力検定試験 公式テキスト1級【第3版】	B5判	4,180円	好評発売中

書籍のお求めは全国の書店・インターネット書店、またはネットスクールWEB-SHOPをご利用ください。

ネットスクール WEB-SHOP
https://www.net-school.jp/

※ 書名・価格・発行年月や表紙のデザインは変更する場合もございますので、予めご了承ください。（2025年5月現在）

社会福祉法人の経営に必要な法令・経理の知識を身に付けよう！
社会福祉法人経営実務検定 書籍ラインナップ

社会福祉法人経営実務検定とは、社会福祉法人の財務のスペシャリストを目指すための検定試験です。

根底にある複式簿記の原理は、日商簿記検定などで学習したものと同様ですが、社会福祉法人は利益獲得を目的としない点など、通常の企業（株式会社）とは存在意義が異なることから、その特殊性に配慮した会計のルールが定められています。そうした専門知識の取得を目的としたのが、この試験です。

詳しくは、主催者の一般財団法人 総合福祉研究会のホームページもご確認ください。

https://www.sofukuken.gr.jp/

ネットスクールでは、この試験の公式教材を刊行しています。試験対策にぜひご活用ください。

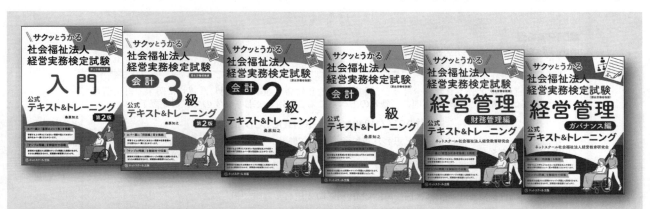

書名	判型	税込価格	発刊年月
サクッとうかる社会福祉法人経営実務検定試験 入門 公式テキスト＆トレーニング 【第2版】	A5判	1,760 円	好評発売中
サクッとうかる社会福祉法人経営実務検定試験 会計3級 公式テキスト＆トレーニング【第2版】	A5判	2,640 円	好評発売中
サクッとうかる社会福祉法人経営実務検定試験 会計2級 テキスト＆トレーニング	A5判	3,080 円	好評発売中
サクッとうかる社会福祉法人経営実務検定試験 会計1級 テキスト＆トレーニング	A5判	3,520 円	好評発売中
サクッとうかる社会福祉法人経営実務検定試験 経営管理 財務管理編テキスト＆トレーニング	A5判	2,420 円	好評発売中
サクッとうかる社会福祉法人経営実務検定試験 経営管理 ガバナンス編テキスト＆トレーニング	A5判	3,080 円	好評発売中

社会福祉法人経営実務検定対策書籍は全国の書店・ネットスクールWEB-SHOPをご利用ください。

ネットスクール WEB-SHOP

https://www.net-school.jp/

ネットスクール WEB-SHOP　検索

※ 書名・価格・発行年月や表紙のデザインなどは変更する場合もございますので、予めご了承ください。（2025年4月現在）

■作問・校正■
堀川　洋

■編集■
吉川　史織

■表紙デザイン■
株式会社オセロ

■DTP編集■
中嶋　典子／石川　祐子／吉永　絢子

本書の発行後に公表された法令等及び試験制度の改正情報、並びに判明した誤りに関する訂正情報については、弊社WEBサイト内の『読者の方へ』にてご案内しておりますので、ご確認下さい。

https://www.net-school.co.jp/

なお、万が一、誤りではないかと思われる箇所のうち、弊社WEBサイトにて掲載がないものにつきましては、**書名（ＩＳＢＮコード）**と誤りと思われる内容のほか、お客様の**お名前**及び**郵送の場合**はご返送先の郵便番号とご住所を明記の上、弊社まで**郵送**または**e‐mail**にてお問い合わせ下さい。

＜郵送先＞　〒101－0054
　　　　　　東京都千代田区神田錦町3－23神田錦町安田ビル3階
　　　　　　ネットスクール株式会社　正誤問い合わせ係
＜e‐mail＞　seisaku@net-school.co.jp

※正誤に関するもの以外のご質問、本書に関係のないご質問にはお答えできません。
※お電話によるお問い合わせはお受けできません。ご了承下さい。

第75回税理士試験
ラストスパート模試＆過去問　国税徴収法

2025年5月11日　初　版　第1刷発行

編　著　者　　ネットスクール株式会社
発　行　者　　桑　原　知　之
発　行　所　　ネットスクール株式会社
　　　　　　　　　出　版　本　部
　　　　　　〒101-0054 東京都千代田区神田錦町3-23
　　　　　　電話　03（6823）6458（営業）
　　　　　　FAX　03（3294）9595
　　　　　　https://www.net-school.co.jp/

DTP制作　　Doors本舎　長谷川正晴
印刷・製本　　倉　敷　印　刷　株　式　会　社

©Net-School 2025　　Printed in Japan　　ISBN 978-4-7810-3850-6

本書は、「著作権法」によって、著作権等の権利が保護されている著作物です。本書の全部または一部につき、無断で転載、複写されると、著作権等の権利侵害となります。上記のような使い方をされる場合には、あらかじめ小社宛許諾を求めてください。

落丁・乱丁本はお取り替えいたします。